智能传播

理论与教育篇

2022年
第二辑

主　编◎李本乾　李晓静　禹卫华

内容提要

本书聚焦智能传播领域的理论与教育问题。人工智能对现有的传播理论体系带来冲击,传播理论向哪里去?传播教育的转型方向在哪里?本书收录的论文,主要回答上述两个问题,包括媒介自我呈现、亲环境媒介行为、健康传播效果、国际信任、虚拟人等话题,覆盖面广,方法多样,对于读者全面了解人工智能时代的理论创新与教育变革有一定启发作用。

本书可供新闻传播学及相关学科研究者参考。

图书在版编目(CIP)数据

智能传播. 理论与教育篇/李本乾,李晓静,禹卫华主编. —上海:上海交通大学出版社,2023.3
ISBN 978-7-313-27937-8

Ⅰ.①智… Ⅱ.①李…②李…③禹… Ⅲ.①传播媒介—研究 Ⅳ.①G206.2

中国版本图书馆 CIP 数据核字(2022)第 225860 号

智能传播(理论与教育篇)
ZHINENG CHUANBO (LILUN YU JIAOYU PIAN)

主　编:	李本乾　李晓静　禹卫华			
出版发行:	上海交通大学出版社	地　址:	上海市番禺路 951 号
邮政编码:	200030	电　话:	021-64071208
印　制:	上海万卷印刷股份有限公司	经　销:	全国新华书店
开　本:	787mm×1092mm　1/16	印　张:	7.25
字　数:	156 千字		
版　次:	2023 年 3 月第 1 版	印　次:	2023 年 3 月第 1 次印刷
书　号:	ISBN 978-7-313-27937-8		
定　价:	48.00 元		

版权所有　侵权必究
告读者:如发现本书有印装质量问题请与印刷厂质量科联系
联系电话: 021-56928178

编委会

主　任： 李本乾

委　员（按姓氏拼音首字母排序）：

陈昌凤　陈　刚　陈　龙　程曼丽　董天策
高晓虹　胡正荣　胡智锋　蒋晓丽　葛　岩
李明德　廖圣清　刘　鹏　彭　兰　强月新
隋　岩　韦　路　喻国明　余清楚　张明新
张涛甫　钟智锦　周　勇　祝建华

编委会工作组

主　编： 李本乾
副主编： 李晓静　禹卫华
编　辑： 陈　梦　吴　舫　甘雨梅　江　凌　邵　奇

卷首语

本书聚焦智能传播领域的理论与教育问题。人工智能对现有的传播理论体系带来冲击,传播理论向哪里去?传播教育的转型方向在哪里?本书收录的论文,主要回答上述两个问题,包括媒介自我呈现、亲环境媒介行为、健康传播效果、国际信任、虚拟人等话题,覆盖面广,方法多样,对于读者全面了解人工智能时代的理论创新与教育变革有一定启发作用。本书可供新闻传播学及相关学科研究者参考。

文春英、吴莹莹合作的《"全球合作抗疫"报道中的二元世界体系》一文,通过对我国"全球合作抗疫"报道中呈现的主体、角色与关系的社会网络分析,发现当下我国国际新闻报道的叙事框架中的二元世界体系。

甘莅豪、胡杰合作的《人类知识的圈层化:全球空间传播视阈下的互联网百科全书》,考察中国政府"独生子女政策"在维基百科和百度百科中的话语表征,这两种互联网百科全书在政治文化、资本运作等因素的作用下生成了两个截然不同的"知识圈层"。

白如金、姚君喜、张国良合作的《关于媒体敌意效应量的商榷:强效果、弱效果还是中等效果》一文,聚焦敌意媒体效应这一概念,需要针对不同议题的媒体敌意效应量进行有区别的分析。

许志强、谢沁凌合作的《智能传播赋能中国传媒高等教育新变革:重大挑战与再定位》一文,揭示智能传播的技术特质,提出了中国传媒高等教育在智能传播时代面临的重大挑战,从拥抱智能传播变革、融入智能传播时代等五个维度探讨了中国传媒高等教育的进阶路向。

谢金文、杜畅合作的《新闻媒介与国际信任》一文,聚焦新闻媒介与国际信任议题,研究指出国际传播要增进人类意识,弘扬共同价值,增强信实感,提高新闻媒介的国际公信力。

沈述宜的《被"驯化"的粉丝公众——粉丝行为及其与媒介信息素养的关系探究》一文,结合问卷调查和访谈法,对某综艺粉丝群体的行为及其与媒介信息素养的关系进行探究。

黄珩的《流动的青春场域及其意义生产:对D县青少年手机使用的媒介人类学考察》一文,运用深度访谈和网络民族志的研究方法,对青少年的手机使用进行媒介人类学考察。

吕清远的《计算传播时代身体感受力的场景逻辑与范式考察——基于场景地理与感觉结构相联结的媒介演化视角》一文,以场景地理与感觉结构相联结的媒介演化视角,运用网络民族志与批判性话语分析相结合的研究方法,对计算传播时代身体感受力的场景地理、媒介文化、感觉结构与存在逻辑进行了系统考察。

吴业文的《算法与人类的"权力"博弈:智能媒体对舆论生成发展的影响研究》,聚焦以大数据和算法技术为基础的智能媒体,对舆论的生成逻辑、议题构成、表面形态以及内部特征的影响进行研究。

张淼的《智能传播时代虚拟人微博传播效果的分析与思考》一文,通过英伟达数字替身虚拟人案例的媒介表现与传播效果,探讨我国公众对基于智能技术的虚拟人的认知和情绪表现。

我们希望借由本书的出版,讨论新问题,关注新现象,启发新思考,期盼与各位读者一道,解读智能传播技术的发展及其社会意义,共同思考并创造新背景下新闻传播学及社会科学研究的美好未来。

目　　录

"全球合作抗疫"报道中的二元世界体系 …………………… 文春英　吴莹莹(001)

人类知识的圈层化:全球空间传播视阈下的互联网百科全书 ……… 甘莅豪　胡　杰(012)

关于媒体故意效应量的商榷:强效果、弱效果还是中等效果

　………………………………………………………… 白如金　姚君喜　张国良(023)

智能传播赋能中国传媒高等教育新变革:重大挑战与再定位 ……… 许志强　谢沁凌(037)

新闻媒介与国际信任 ………………………………………… 谢金文　杜　畅(048)

被"驯化"的粉丝公众

　——粉丝行为及其与媒介信息素养的关系探究 …………………… 沈述宜(056)

流动的青春场域及其意义生产:对D县青少年手机使用的媒介人类学考察

　……………………………………………………………………………… 黄　珩(066)

计算传播时代身体感受力的场景逻辑与范式考察

　——基于场景地理与感觉结构相联结的媒介演化视角 …………… 吕清远(082)

算法与人类的"权力"博弈:智能媒体对舆论生成发展的影响研究 ………… 吴业文(092)

智能传播时代虚拟人微博传播效果的分析与思考 ……………………… 张　淼(099)

"全球合作抗疫"报道中的二元世界体系

文春英[①] 吴莹莹[②]

【摘 要】 人类命运共同体理念是中国为世界各国应对各种全球性问题提供的中国智慧和中国方案。新冠肺炎疫情以来,中国大力倡导并主动推进的"全球合作抗疫"是对人类命运共同体理念的最新注解与生动实践。通过对我国"全球合作抗疫"报道中呈现的主体、角色与关系的社会网络分析,可以发现当下我国国际新闻报道的叙事框架存在两个倾向。一方面,客观报道世界疫情发展,渴望世界各国能够摒弃阵营对立,携手化解难题,实现互利共赢。另一方面,旧有"中心—边缘"世界体系的冲突框架依然存在,话语塑造出对立和冲突的自我与他者。在人类命运共同体理念下,我国的国际新闻报道应重新审视后一种范式,并警惕出现舆论话语的"内循环",以理性的态度看待全球合作。理性的、客观的、平衡的"世界图景"是全人类的共同价值,也是人类命运共同体理念的理想愿景。

【关键词】 新冠肺炎疫情;全球合作抗疫;国际新闻报道;世界体系;人类命运共同体

新冠肺炎疫情相关议题是近年来全球国际新闻报道的重要内容。一部分西方媒体在进行中国议题设置时往往采用对立对抗的叙事话语,塑造出一个意识形态对立的世界,加剧了国际舆论环境的复杂性,给实现"全球合作抗疫"带来了极大的负面效应。我国的国际新闻报道也存在这种冲突和对立的叙事框架,分析中国国际新闻报道中呈现的"全球合作抗疫"图景可以发现,受长期以来不平等的世界体系和西方主导的国际舆论环境影响,我国的"全球合作抗疫"报道中同样存在着二元对立的阵营划分。在人类命运共同体理念下,我国的国际新闻报道应重新审视这一范式并警惕出现舆论话语的"内循环",以理性的态度看待全球合作,更好地引导舆论,发挥国际新闻报道的正面效应。

一、人类命运共同体视阈下的"全球合作抗疫"

20世纪后期以来,人类社会全面进入了全球化的阶段。全球化的早期,更多的是一种

[①] 中国传媒大学外国语言文化学院院长、教授、博士生导师,中国传媒大学城市传播研究中心主任。
[②] 中国传媒大学广告学博士研究生。

资本主义世界化,工业社会的发展逻辑及所带来的问题并未发生变化,在这种背景下所形成的世界体系,存在着"中心—边缘"的不平衡结构。这一结构中,率先发展起来的国家长期掌握着决定世界关系格局的话语权,并成为少数的中心国家,享有发展的大多资源。而更多的国家则处于边缘位置,自身的发展受到不同程度的限制。这种秩序与关系格局难以应对其引发的霸权、两极化、冲突与动乱等问题,而这些问题却逐渐成为威胁人类社会发展的重大不稳定因素。因此,国际上关于扭转这种不平等格局、建立新全球治理体系与格局的反思越来越多。

人类命运共同体理念是中国为世界各国应对各种全球性问题提供的中国智慧和中国方案。人类命运共同体是对"中心—边缘"世界体系的扬弃,这一理念深刻认识到"世界长期发展不可能建立在一批国家越来越富裕而另一批国家却长期贫穷落后的基础之上。只有各国共同发展了,世界才能更好发展"[1]。因此世界各国需要用合作共赢的思维取代零和博弈思维,共同发展,携手化难。自2012年党的十八大明确提出"人类命运共同体"意识以来,中国始终以实际行动推动构建人类命运共同体。

新冠肺炎疫情以来,中国不断倡议构建人类卫生健康共同体和"全球合作抗疫"是对人类命运共同体理念的最新注解与生动实践。2020年1月3日,中国便向世卫组织通报武汉出现不明原因肺炎;1月12日世卫组织正式将病毒命名为"2019新型冠状病毒"后,基于对病毒危险性的考虑,世卫组织便开始积极同各国政府合作,并不断通报疫情状况;1月31日,世卫组织将新冠肺炎疫情列为国际关注的突发公共卫生事件,并发出了最高级别警报;2月11日,联合国、世卫组织等国际组织及其负责人持续声援中国抗击新冠肺炎疫情,呼吁国际社会团结起来,共同应对;2月28日,世卫组织将新冠肺炎疫情风险级别上调为"非常高";尽管如此,病毒仍以极快的传播速度、极高的防控难度席卷全球,在受影响国家和确诊、死亡病例数量不断上升的情况下,3月11日,世卫组织又一次发出了警告,认为许多国家并没有迅速积极行动错失防控最佳机会,同时使用在国际卫生警报系统中不常见的"大流行病"一词形容疫情,呼吁"全球合作战疫";5月1日,世卫组织宣布新冠肺炎疫情仍然构成"国际关注的突发公共卫生事件";至今,世界疫情的形势仍然不稳定,"全球合作抗疫"之路依旧困难重重。但中国始终本着公开、透明、负责任态度,积极同世卫组织展开合作,保持抗疫国际合作推动"全球合作抗疫",并持续投入人力、物力以助世界人民早日彻底战胜疫情。

二、国际新闻报道中的冲突框架

"框架是一个有限定的、阐释性的语境,指的就是如何理解彼此符号,传授双方互相约定的诠释规则[2]。"在新闻传播中,框架能使新闻从业者快速地对现实信息进行处理并生产新闻,受众则借助认知框架来理解新闻呈现的世界,而国际新闻的一般公众在对他国认知有限的情况下,会更加依赖于新闻中的框架[3],各国媒体面对重大事件如何选择或忽视某些信息、采取何种立场和态度都会影响人们对重大事件的认知框架。

国际新闻报道与国际关系格局有着密切的联系,"中心—边缘"的不平等结构同样体现在国际新闻传播资源的分配之中,并深深地影响了国际新闻报道所采取的叙事框架。许多学者试图归纳总结新闻中所使用的不同框架,而冲突框架、竞争框架等是国际新闻报道中最常见的框架,这些框架的共同特征常常是进行二元对立角色与利益的划分。

在我国,国际新闻报道同样肩负着为人们再现世界的重要功能,我国的国际新闻报道范式自中华人民共和国成立以来也在不断发生变化[4]。人类命运共同体理念的提出也要求人们对世界的紧密联系有更深刻的认识,国际新闻报道的范式也应向这一全球价值观靠拢。

新冠肺炎疫情是一次全球性的重大突发公共卫生事件,波及范围广,影响程度深,与之相关的议题自然成为各国国际新闻报道的重要内容,受到广泛关注。其中"全球合作抗疫"的倡议一经提出便引起我国媒体的热切关注,国内国际新闻报道呈现出的"全球合作抗疫"图景也是国际新闻报道中"人类命运共同体"图景的一部分。

因此本研究试图回答以下问题:我国国际新闻报道中的"全球合作抗疫"图景是什么样的?存在怎样的角色与关系?"全球合作抗疫"中的角色与关系又体现了什么样的国际新闻报道逻辑和框架?在人类命运共同体理念下,如何把握国际新闻报道的叙事框架,更好地引导舆论走向?

三、研究方法

过往的新闻报道研究多以传统的内容分析和文本分析为路径,即基于理论与概念对文本的属性和内容进行统计与阐释,多数研究往往更易凸显研究者的主观意志而削弱了文本的客观实在。当下,在研究技术和媒体环境的双重革新过程中,研究路径开始转向以数据处理技术为主导的方法实践,帮助研究者更准确地把握新闻报道本身的属性与特征。

因此,本研究尝试采用内容分析与社会网络分析相结合的方法,一方面,对新闻报道的主体、主题、发布特征等剥茧抽丝;另一方面,以分词算法为主、人工筛选为辅,尽可能分解和提取报道的有效信息,并基于关键词进行社会网络分析,以呈现"全球合作抗疫"图景。

本研究以"全球合作抗疫"作为关键词,在全网范围内搜集 2020 年 1 月 1 日—5 月 29 日期间的报道,共收集得 3 801 条数据,去除重复相似、广告、软文等无效内容后,最终得到 628 篇有效报道参与分析。

1. 内容分析

内容分析的第一步是对收集到的有效报道特征进行编码,以描述数据整体概况。第二步,使用 N-Gram 词频词性分析工具,并辅以人工筛选的方式,对每一条报道内容的词频进行统计。第三步,提取报道中所提及的国家或地缘区域名、人名、组织名等关键信息(见表1)。

表1 主体特征编码

类目	变量标签	界定
发布时间	年/月/日	原始数据自动生成发布时间变量
转发量	转发量	将相同内容进行合并可得
媒体类型	官方媒体	中国网、环球网、人民日报网等央级媒体以及京报网、东方网、《广州日报》等省级媒体
	其他媒体	包括门户网站、内容创作平台和移动客户端上的信息来源
报道类型	消息	电、讯、记者、本报、本台;篇幅短,一般500字左右,不超过1000字
	评论	包含作者、评论员等信息,篇幅较长
	深度报道	通过背景材料解释事实,或事实与事实组合、对比、分析

2. 社会网络分析

基于以上已提取的所有关键信息建立词频共现矩阵,并借助相关工具进行社会网络分析。本文主要借用的社会网络分析工具为UCINET,进行可视化的工具为NetDraw。

节点的中心度:节点的中心度特征可体现节点的数量、位置和质量。度中心度是用来衡量节点连接数量的指标,与某一节点连接的节点数量越多,其影响力就越大。中间中心度是刻画节点交往能力的测量指标,节点之间要传递信息往往要通过某一个节点来实现。

节点之间的平均距离:网络的平均距离能够反映关键词之间的联系程度,是社会网络中节点与节点之间交流所要经过连线数的平均值。

网络节点之间的网络密度:网络密度是描述网络节点间之间联系网络的紧密程度的指标,反映一个网络的凝聚力水平。网络中的点连线越多,它的网络密度就越大。

3. "全球合作抗疫"报道的总体特征

1)时间特征

数据显示,2020年1月1日—2月14日间未出现关于"全球合作抗疫"的新闻报道。联合国、世卫组织等国际组织开始呼吁各国团结合作起来是在2月11日,我国媒体对此的响应迅速,2月15日出现第一篇提及"全球合作抗疫"关键词的报道。随后有关"全球合作抗疫"的新闻报道发布量呈无规则波浪形态,新闻报道出现多个阶段性峰值,最高峰出现在3月30日,未出现阶段性特征(见图1)。

图1 "全球合作抗疫"报道时间分布

2) 关注重点

通过提炼和统计新闻报道关键词频次，可以归纳出"全球合作抗疫"报道的三个关注重点。第一，陈述疫情，即报道新冠肺炎疫情当下的态势以及各国的抗疫状况；第二，强调合作抗疫，即重点关注合作的实践和效果；第三，各方态度，即不同主体在全球抗疫合作中的行动、立场与态度。这三个关注重点并不总是单独出现，相反，它们经常同时出现在同一新闻报道中（见表2）。

表2 "全球合作抗疫"新闻报道关键词频次

新冠	868	中国政府	84
抗疫	866	国际合作	83
肺炎	515	特别峰会	60
肺炎疫情	350	累计确诊	59
疫情防控	179	中欧班列	58
病毒	160	提供	55
抗击疫情	142	全球公共卫生	55
全球合作	131	20国集团	53
确诊病例	117	命运共同体理念	52
人类命运共同体	111	大流行	50
医疗物资	95		

四、"全球合作抗疫"报道中的主体、角色与关系

1. 国家（地缘区域）网络——两极对立、多点共存、关系紧密

"全球合作抗疫"的主体是主权国家及其政府以及地缘区域。"全球合作抗疫"报道提及国家（地缘区域）数量为101个，提及国家（地缘区域）次数共3 269次，国家（地缘区域）提及频次呈现两强多点的特征。两强为中国和美国，中国提及1 555次、美国提及728次；多点为英国、俄罗斯、意大利，分别为84次、72次、53次。

"全球合作抗疫"报道中被提及的所有国家（地缘区域）形成了一个关系密切的网络。通过计算国家（地缘区域）节点之间的平均距离，我们可以观察到国际新闻报道构建的国际关系网络的密度特征。数据显示，每两个国家（地缘区域）节点之间的平均距离为2.103，距离较小，说明国家（地缘区域）节点的网络密度较高。也就是说，在"全球合作抗疫"的语境下，国与国之间的联系变得更加紧密。社会网络分析的关键词成分分析也从另一个角度印证了这一结论。关键词成分分析的结果显示，成分1占比93.9%，绝大部分国家（地缘区域）关键词都落入同一个成分中（见表3、图2）。

表3 新闻报道中出现的国家频次

国家	频次	国家	频次	国家	频次
中国	1555	韩国	35	加拿大	17
美国	728	菲律宾	32	泰国	16
英国	84	巴基斯坦	28	柬埔寨	15
俄罗斯	72	瑞典	27	埃及	15
意大利	53	委内瑞拉	24	中非共和国	14
西班牙	48	印度	19	越南	13
德国	38	荷兰	19	老挝	13
伊朗	37	塞尔维亚	18	巴西	13
日本	37	印度尼西亚	17	蒙古	11
法国	36	新加坡	17		

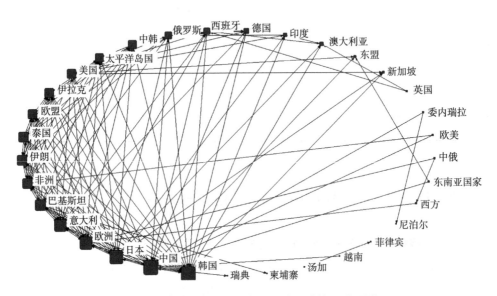

图2 "全球合作抗疫"报道中的国家(地缘区域)网络

观察"全球合作抗疫"报道中的国家(地缘区域)网络,我们发现中国、美国、伊朗是影响力较大的网络节点,这三个国家(地缘区域)节点的度中心度较高。中美两国无论是从政治、经济还是国际关系层面都是报道中重要的节点,词频统计中两国的提及次数也远超其他国家或地缘区域。但度中心度计算显示,连接节点最多的国家是伊朗,即与伊朗这一节点连接的节点数最多。在疫情全球蔓延的过程中,伊朗是最先暴发大规模疫情的海外国家之一,也是最早接受中国国际抗疫援助的国家。同时,伊朗一直是美国舆论抨击、经济封锁和外交打击的国家,伊朗的高频连接很大可能性是因为经常与中美两国同时出现所致(见图3)。

```
                    1         2          3
                 Degree    NrmDegree    Share
                 ─────────────────────────────
26   伊朗         32.000    20.000      0.085
32   中国         30.000    18.750      0.080
11   美国         29.000    18.125      0.077
9    韩国         26.000    16.250      0.069
27   意大利       24.000    15.000      0.064
2    巴基斯坦     20.000    12.500      0.053
25   伊拉克       20.000    12.500      0.053
16   日本         20.000    12.500      0.053
19   泰国         20.000    12.500      0.053
15   欧洲         19.000    11.875      0.051
7    非洲         16.000    10.000      0.043
6    俄罗斯       15.000     9.375      0.040
3    德国         15.000     9.375      0.040
22   西班牙       13.000     8.125      0.035
18   太平洋岛国   12.000     7.500      0.032
14   欧盟         12.000     7.500      0.032
33   中韩         11.000     6.875      0.029
4    东盟          5.000     3.125      0.013
1    澳大利亚      5.000     3.125      0.013
28   印度          5.000     3.125      0.013
24   新加坡        4.000     2.500      0.011
5    东南亚国家    3.000     1.875      0.008
23   西方          3.000     1.875      0.008
30   越南          3.000     1.875      0.008
31   中俄          3.000     1.875      0.008
13   欧美          2.000     1.250      0.005
21   委内瑞拉      2.000     1.250      0.005
29   英国          2.000     1.250      0.005
20   加拿大        1.000     0.625      0.003
12   尼泊尔        1.000     0.625      0.003
10   柬埔寨        1.000     0.625      0.003
8    菲律宾        1.000     0.625      0.003
17   瑞典          1.000     0.625      0.003

DESCRIPTIVE STATISTICS
                      1          2           3
                   Degree    NrmDegree     Share
                   ─────────────────────────────
1   Mean           11.394      7.121       0.030
2   Std Dev         9.726      6.079       0.026
3   Sum           376.000    235.000       1.000
4   Variance       94.602     36.954       0.001
5   SSQ          7406.000   2892.969       0.052
6   MCSSQ        3121.879   1219.484       0.022
7   Euc Norm       86.058     53.786       0.229
8   Minimum         1.000      0.625       0.003
9   Maximum        32.000     20.000       0.085

Network Centralization = 13.71%
Heterogeneity = 5.24%   Normalized = 2.28%

Note: For valued data, the normalized centrality may be larger than 100.
      Also, the centralization statistic is divided by the maximum value in the input dataset.
Actor-by-centrality matrix saved as dataset FreemanDegree
```

图3 国家(地缘区域)网络度中心度分析截图

同时,"全球合作抗疫"报道中的国家(地缘区域)网络也显示,韩国、意大利、西班牙和巴基斯坦等国的连接力较强。除中国和美国之外,这几个国家的中间中心度值排名靠前,处在控制节点上,这些国家的提及频率和与其他国家节点共同出现的频率都较高,即许多国家通过这几个节点相连接。从全球疫情发展的进程看,这些国家也都是国际疫情的主要暴发地,因此也成为我国新闻报道的关注点(见图4)。

2. 中国——合作抗疫提倡者

在"全球合作抗疫"新闻报道中,"中国""中方""中国政府"等词语的提及次数最多,与其他词语的共现频次也最大。将新闻报道中含有"中国"的内容提取出来并进行关键词矩阵分析后,可以发现,中国除了与其他国家(地缘区域)节点相连,还多与"惠及人类""人道主义援助""人类命运共同体""大国担当""国际社会合作""抗疫医疗专家组"等词语相连。说明在新闻报道中,中国是"全球合作抗疫"的提倡者,并身体力行,为世界多个国家(地缘地区)分享抗疫经验、提供抗疫援助,与多个国家(地缘区域)进行科研信息互通共享等研发

```
Un-normalized centralization: 5074.482
                              1           2
                      Betweenness nBetweenness
                      ----------- ------------
    32    中国        172.530      17.392
     9    韩国         78.289       7.892
    15    欧洲         70.267       7.083
    27    意大利       58.914       5.939
    11    美国         53.438       5.387
    22    西班牙       52.707       5.313
     2    巴基斯坦     32.310       3.257
     6    俄罗斯       30.015       3.026
    16    日本         29.125       2.936
    26    伊朗         23.410       2.360
    19    泰国          5.643       0.569
    14    欧盟          3.000       0.302
     1    澳大利亚      2.443       0.246
    25    伊拉克        2.000       0.202
     3    德国          1.943       0.196
    28    印度          1.767       0.178

DESCRIPTIVE STATISTICS FOR EACH MEASURE
                              1           2
                      Betweenness nBetweenness
                      ----------- ------------
    1    Mean           18.758       1.891
    2    Std Dev        35.559       3.585
    3    Sum           619.000      62.399
    4    Variance     1264.455      12.849
    5    SSQ         53337.949     542.017
    6    MCSSQ       41727.012     424.027
    7    Euc Norm      230.950      23.281
    8    Minimum         0.000       0.000
    9    Maximum       172.530      17.392

Network Centralization Index = 15.99%
Output actor-by-centrality measure matrix saved as dataset FreemanBetweenness
```

图 4　国家(地缘区域)网络中间中心度分析截图

合作,共同提出科学应对策略,展现中国的负责任的大国形象(见表 4)。

表 4　"中国"相关报道中心度分析

度中心度		中间中心度		特征向量中心度	
美国	29.000	美国	158.700	人类命运共同体	0.021
俄罗斯	2.000	俄罗斯	145.533	人道主义援助	0.281
韩国	12.000	日本	144.500	偏见	0.035
德国	17.000	巴基斯坦	79.167	美国	0.431
日本	15.000	老挝	60.500	联防联控合作机制	0.042
老挝	14.000	抗疫经验	58.000	捐赠	0.158
巴基斯坦	13.000	韩国	54.000	借鉴	0.048
惠及人类	12.000	"全球合作抗疫"	42.000	国际合作抗疫	0.036
人道主义援助	10.000	人类命运共同体	34.000	共同体理念	0.039
人类命运共同体	9.000	大国担当	32.000	防疫物资出口	0.293
联防联控合作机制	8.000	东盟	32.000	俄罗斯	0.430
大国担当	6.000	借鉴	18.000	德国	0.403

(续表)

度中心度		中间中心度		特征向量中心度	
捐赠	6.000	国际合作	18.000	榜样	0.032
抗疫医疗专家组	6.000	抗疫医疗专家组	12.000	开展合作	0.026
国际社会合作	5.000	全球公共卫生安全	5.000	全球公共卫生安全	0.032
抗疫经验	5.000	中国海洋权益主张	6.000	人类命运共同体	0.021
抗疫合作	5.000	捐款	3.000	国际社会合作	0.037

3. 美国——合作抗疫局外者

美国是新闻报道中提及次数第二多的国家,将含有"美国"的内容提取出来并进行关键词矩阵分析,经常与美国共同出现的词语包括"单边主义""单边制裁""党派纷争""搬弄是非""干扰大局"等,且新闻报道对美国的形容多使用激烈的、消极的甚至批评的词语,感情倾向负面,情感程度强烈。在有关"全球合作抗疫"的新闻报道中,美国常常作为合作抗疫的局外者出现,不仅消极对待合作抗疫,更阻挠合作抗疫的实现(见表5)。

表5 "美国"相关报道中心度分析

度 中 心 度	
俄罗斯	6.000
德国	6.000
单边主义	4.000
单边制裁	4.000
韩国	4.000
对伊制裁	4.000
搬弄是非	3.000
干扰大局	3.000
党派纷争	2.000
道德良知	2.000
断供	2.000
绊脚石	2.000
出口管制措施	2.000
反制措施	2.000
道德良知	2.000
边境关闭	2.000
唱反调	2.000

(续表)

度中心度	
持续恶化	2.000
光荣孤立政策	2.000

4. 世卫组织——合作抗疫协同者

世卫组织作为全球最大的卫生组织,在疫情暴发及抗疫期间,扮演的角色尤为重要。一方面,世卫组织需要合理配置资源,对疫情严重但抗疫能力有限的地区给予援助,另一方面,世卫组织需要协调全球各国,推动抗疫合作。在新闻报道中,世卫组织也频繁被提及,与世卫组织一同出现的词语包括"国际合作""国际社会""发挥作用""20国集团领导人""对话与沟通""构想未来""复工复产""坚定信心""国际公共卫生事业""怀疑和担心""尽快研制"等。这些共现词汇多为陈述类和评议类的中性词汇,感情倾向和情绪程度分值都不高。自疫情在全球蔓延以来,世卫组织频频发声,但各国响应力度不大,还出现美国"断供""退群"等事件。总体来看,世卫组织更像是"全球合作抗疫"中的"泥瓦匠",声量大但执行力极为有限(见表6)。

表6 "世卫组织"相关报道中心度分析

度中心度	
国际合作	21.000
国际社会	11.000
发挥作用	6.000
合作抗疫	6.000
惠及人类	6.000
二十国集团领导人	6.000
断供	5.000
对话与沟通	4.000
构想未来	4.000
复工复产	4.000
坚定信心	3.000
国际公共卫生事业	3.000
核心作用	3.000
国际组织	3.000
开展合作	3.000
怀疑与担心	2.000
尽快研制	2.000

五、结论与讨论

通过对我国"全球合作抗疫"报道中呈现的主体、角色与关系的社会网络分析,可以发现当下我国国际新闻报道的叙事框架存在两个倾向。一方面,追求客观报道世界疫情发展,渴望世界各国能够摒弃阵营对立,携手化解难题,实现互利共赢。另一方面,旧有的冲突框架依然存在,话语塑造出对立和冲突的自我与他者。这两种报道框架交替甚至同时隐含在"全球合作抗疫"国际新闻报道之中,必然也会给读者带来认知上的混淆与障碍。

实际上,"世界怎么了,我们怎么办"是整个世界都在思考的问题,国际新闻报道中相互矛盾的叙述框架,恰恰印证了世纪疫情与百年变局交织下国际关系格局的不稳定,以及全球治理体系变革的困难。人类命运共同体的构建尚处于起步阶段,各国之间的利益矛盾错综复杂,零和思维仍是处理国家(地缘区域)间利益冲突的主要思维模式,对立对抗是现实常态。在国际新闻报道框架之中便体现为大多数国家(地缘区域)的国际新闻报道仍然遵循冲突对立的逻辑。

人类命运共同体既是一种中国态度,又是一种中国实践,人类命运共同体理念所推动的多主体多方面的实践正是对不平衡结构的扬弃过程,是构建公平、合理、公正全球秩序中必不可少的环节。全球国际新闻也需最大限度避免二元对立的叙事框架,警惕出现舆论话语的"内循环",以理性的眼光看待"全球合作抗疫"和中国所处的国际环境。理性的、客观的、平衡的"世界图景"是全人类的共同价值,也是人类命运共同体理念的理想愿景。

参考文献

[1] 习近平.顺应时代前进潮流促进世界和平发展——在莫斯科国际关系学院的演讲[2013-03-24]. http://cpc.people.com.cn/xuexi/n/2015/0721/c397563-27337993.html.

[2] Bateson G. A Theory of Play and Fantasy, in Step to an Ecology of Mind [M]. London: Jason Aronson Inc., 1972:138-148.

[3] 郑若麟.从"世界观念"的形成看国际新闻报道[J].对外传播,2015,231(12):21-22.

[4] 郭可,梁文慧.70年来我国媒体国际新闻报道的三种范式及特征[J].现代传播(中国传媒大学学报),2020(11):41-45.

人类知识的圈层化:全球空间传播视阈下的互联网百科全书[①]

甘莅豪[②]　胡　杰[③]

【摘　要】　人类知识生产除了可以从权力、资本、技术和历史等视角进行考察,还可以在空间视阈中进行描述。从空间视阈来看,知识不仅在空间中进行生产,还在生产中建构空间。通过考察中国政府"独生子女政策"在维基百科和百度百科中的话语表征,本文发现这两种互联网百科全书在政治文化、资本运作、语言习惯、平台机制和社群成员等因素作用下分别建构了两个内容、结构和生产机制截然不同的"知识圈层"。从宏观视角上看,"知识圈层"不仅是一个个彼此区隔的知识空间,还是彼此互文、相互呼应、共同编织的一张宏大的"星际知网"。

【关键词】　知识圈层;维基百科;百度百科;星际知网;空间视角

"知识并非纯粹客观之物,而是人类建构的产物",这个说法并不新颖,比如17世纪的"四假象说"[1],18世纪维柯的"真理创造说"[2]。20世纪初期开始,"知识论"才开始被人类当成系统的表达,比如托斯丹·范伯伦(Thorstein Veblen)从社会群体视角探讨了知识制度[3],舍勒和曼海姆从社会观念视角探讨了知识形态[4-5],福柯从权力视角讨论了知识类型[6],拉图尔等从生产视角讨论了知识黑箱[7],伯克从历史视角讨论了知识形成等[8]。

直到21世纪,利文斯通才从空间视角系统研究了科学知识的生成[9]。利文斯通指出,人类很容易接受"知识"和"真理"的哲学性、历史性和社会性,却又简单认为其超越了一切狭隘的地域性束缚。也就是说,在时空维度中,人们似乎天然习惯从时间角度考察知识史,而没有意识到知识塑造是一个时空双维度事件,即从空间维度考察知识建构,也能够深化人们对知识形成的认识。作为一个文化地理学家,利文斯通从地理空间视角讨论了"实验实施的场所、知识产生的地点、观测进行的区位对于科学本身的意义",即知识所涉空间对学说的接受和拒绝有何影响,知识碰巧在某空间产生的权重多大,以及空间距离造成观察视角的变化如何影响知识形成等问题。

[①] 此文系国家重大课题"网络空间社会治理语言问题研究"(20&ZD299)、全国科技名词委科研项目"互联网百科平台中的术语传播机制及规范化研究"(YB2020009)的阶段性成果。
[②] 华东师范大学传播学院教授。
[③] 华东师范大学国家话语生态研究中心研究员助理。

然而哈维指出空间不仅仅是物质性概念,还是一种社会的表现[10]211-300。据此,卡斯特认为网络空间是一种流动空间,其将"同一时间里并存的实践聚集起来",包括三个层次:第一层次是保证网络空间运行的物质支持聚集(微电子设计、电脑、宽带等);第二层次是由节点(node)和交换中心(hub)构成的电子网络聚集;第三层次是指导或操纵空间如何组织的占据支配地位的人类社团聚集[11]505。依据第二层次的空间概念,温伯格从结构视角考察了互联网知识[12]。他指出"房间里最聪明的那个,不是某个人类个体,而是房间本身",即互联网知识结构是一张通过节点和交换中心连接在一起的扁平状渔网,其本身塑造了人类的知识形态。

如果说温伯格是在"大连接"[13]时代对知识形态进行思考,那么卡斯特对互联网空间的第三层次思考,则预示了互联网进入社交媒体时代后一些新学术命题术语的大量出现,比如信息茧房、过滤泡、回音室和圈层等。这些空间术语暗含了互联网的知识节点不是"无维"的点,而应被视为一个个由精英人士和社交媒体社群设置的"隔离空间"。由此接踵而来的是空间视角的知识论的以下一系列问题:在社交媒体时代,互联网这些隔离空间之中的知识各自呈现什么样的内容特点,其又是在哪些因素影响下进行生产和建构的?如何参照前人各种空间理论视角重新认识这些"隔离空间"组成的互联网知识形态?

一、知识圈层:对互联网百科全书条目的话语分析

在各种互联网知识平台中,互联网百科全书是一种典型的协同共享知识平台,其鼓励普通民众书写和编辑知识,打破了以精英专家为核心的传统纸版百科全书的知识垄断,从而在阅读形态和生产模式上对人类知识汇集方式进行了颠覆。

在互联网百科全书中,从平台规模和成熟度来看,维基百科和百度百科最具代表性。维基百科是全球最大的网络百科知识平台,截至2021年6月1日,总共生成了5600多万条条目,310个活跃的语言社区。其中,作为最为主要的语言社区,英文维基百科经过4100多万用户编写,已经生成了630多万条条目[14]。百度百科则是全球最大的中文互联网百科全书,截至2021年6月1日,经过700多万人编写,总共生成了2100多万条条目。

维基百科首页宣称自己是"人人可编辑的自由百科全书",百度百科首页则宣称自己能够"让人类平等地认知世界",两者分别高举人类"自由"和"平等"两面大旗,展示互联网时代的知识特征:平等性和抗争性,希望通过"扁平化的网络空间"取消现实社会信息传播的分层隔离现象,从而实现"知识平权"。也就是说,互联网百科全书平台宣称自身可以摆脱福柯的"知识权力"观,能够真正为人类提供一种"客观、中立、均衡、多元"的知识类型。可以设想,如果这种假设成立,那么对于"同一类事物或事件"的报道,互联网百科全书应该符合以下两种特征:第一,"中立客观的真理性知识"只有一个,不同互联网百科全书的条目内容应该具有高度的一致性。第二,由于"互联网百科全书"具有抗争性,那么"互联网百科全书"的知识框架应该和现实领域的主流意识形态保持距离。

那么这个假设成立吗?对此,我们特选取"独生子女政策"在英文维基百科和中文百度

百科条目中的知识表征进行考察。之所以选取"独生子女政策"作为考察对象，主要基于以下三点考量：第一，"独生子女政策"曾作为我国基本公共政策之一，一直是海内外群体关注和讨论的热点；第二，中国在2015年10月提出"全面二孩"政策后，"独生子女政策"已经成为历史，中国的生育政策基本已经稳定，不会出现较大的变动；第三，"独生子女政策"条目在英文维基百科和中文百度百科形成时间较早，结构和内容比较完整。在英文维基百科中，中国的"独生子女政策"对应为"One-child policy"条目。该条目2002年3月17日开始建立，截至2021年6月1日，19年的时间里共有3 639名编纂者完成了8 047次修改，全文共有137 469个字节。在中文的百度百科中，"独生子女政策"条目在参与人数和编纂次数虽不如前者，但全文也有9 024个汉字，内容比较丰富。

在互联网百科全书知识表征中，平台用户们在对事实和事件进行分类、命名和描述时，所选择词汇具有举足轻重的作用，其往往会在无形中影响条目内容的情感和价值倾向，正如罗莎所说"没有词，我们的世界将是一座经验的沙丘"[15]。同时，互联网百科全书提倡"可验证性原则"，要求用户编纂时不可以原创，只能引用可靠的消息源。这就意味着，消息源选择对条目的情感和价值倾向也具有重要的影响。基于此，本文从行为分析（动词）、评价分析（形容词）和消息源选择三个方面对条目正文内容进行话语分析，探讨维基百科和百度百科两个平台如何表征独生子女政策，及其各自建构了什么样的知识表征。

1. 行为分析

在行为动词使用方面，本文统计了维基百科和百度百科"独生子女政策"条目中和"中国政府""广大民众"和"专家学者"三类主体密切相关的高频动词（见表1）。

表1 "独生子女政策"条目的高频行为动词（$n \geq 3$）

动作者	维基百科	百度百科
中国政府	announc(宣布，6次)enforce(执行，23次)require(要求，9次)prevent(阻止，4次)provide(提供，6次)allow(允许，25次)referred(被称为，6次)avert(避免，6次)determine(确定，4次)encourage(鼓励，13次)abolish(废除，5次)control(强制执行，11次)	奖励(28次)扶助(19次)控制(13次)发展(12次)增加(11次)提倡(9次)发放(9次)保障(9次)完善(6次)提出(6次)解决(5次)实行(5次)
广大民众	forced(被迫，15次)required(被要求，6次)permitted(被允许，4次)violate(违反，4次)evade(逃避，3次)worried(担心，3次)resent(担心，3次)	享受(13次)领取(11次)获得(8次)得到(7次)自愿(5次)选择(6次)
专家学者	dispute(质疑，4次)claim(声称，9次)call on(呼吁，3次)though(认为，12次)said(说，4次)	说(12次)认为(6次)建议(6次)

从表1可以发现，维基百科在描述"中国政府"时，选择了"enforce"（23次）、"announce"（6次）、"control"（11次）等带有强制执行色彩的动词，塑造了冰冷而强势的中国政府形象，例如：

Amnesty International said that the move to the two-child policy would not end forced sterilizations, forced abortions, or government **control** over birth permits. (国际特赦组织表示,二胎政策的实施不会结束强制绝育、强制堕胎或政府对生育许可的**控制**。)

而百度百科选择了"提倡"(9次)、"解决"(5次)、"完善"(6次)等带有"柔性推行"色彩的动词①,将中国政府塑造为阳光、正面的政策推广者和完善者,例如:

2016年1月1日,修订后的《中华人民共和国人口和计划生育法》第十八条第一款规定:"国家**提倡**一对夫妻生育两个子女。"

在描述政策接受主体"广大民众"时,维基百科和百度百科所使用的动词也不尽相同。维基百科倾向于选择"forced"(被迫,15次)、required(被要求,6次)、"violate"(违反,4次)"evade"(逃避,3次)等表达"被强迫接受"和"反抗暴政"的消极动词,例如:

As part of the policy, women were **required** to have a contraceptive intrauterine device (IUD) surgically installed after having a first child, and to be sterilized by tubal ligation after having a second child. (作为政策的一部分,妇女**被要求**在生完第一个孩子后放置节育器,生完第二个孩子后通过输卵管结扎进行绝育。)

而百度百科在描述政策接受主体"广大民众"时选择了享受(13次)、领取(11次)、获得(8次)、得到(7次)、自愿(5次)等表达"享受福利"和"拥护政府"的积极动词,例如:

获得《独生子女父母光荣证》的夫妻,按照国家和省、自治区、直辖市有关规定**享受**独生子女父母奖励。

在描述专家学者对"独生子女政策"的态度时,维基百科中多用"dispute(质疑,4次)""声称(claim,9次)"等消极义动词,例如:

Some scholars have **disputed** the official estimates. They claim that the one-child program had little effect on birth rates or the size of the total population. (一些学者

---

① 值得注意的是,百度百科中同样出现了多达13次的"控制",但深入文本内容,其中10次的表达为"控制人口"的固定式内容表述,另外3次表述则是对于情绪的"控制"。因此,百度百科中的"控制"与维基百科中的"control"在语境中同样会给受众完全不同的意义内涵。

对官方的估计提出了**质疑**。他们声称独生子女计划对出生率或总人口的规模几乎没有影响。)

而百度百科倾向选择"说"等中立性动词,例如:

"她们基本上得到了过去只有男孩才能得到的一切。"哈佛大学教授、中国计划生育政策专家瓦内萨·冯**说**。

总之,维基百科中多数专家学者并不认同中国政府的"独生子女政策",塑造了一个无视民意的中国政府,而百度百科中几乎所有专家学者高度评价了中国政府的"独生子女政策",塑造了积极为人民谋福利的中国政府。

2. 评价分析

评价性词语也可以反映互联网百科条目内容的倾向性。本文从"内容""过程"和"效果"三个方面统计了维基百科和百度百科"独生子女政策"条目的评价性词语(见表2)。

表2 评价词分析($n \geq 1$,词后如无标记次数,为1次)

对象	维基百科	百度百科
内容	most extreme(最极端的)、too extreme(太极端的)、most strictly(最严苛)enormous fines(巨额罚款)	明朗、积极、最有效的、相对理性的、切切实实地提高、极大改善
过程	hotly debated(激烈的争辩)、controversial(有争议的)	十分美妙的、强有力的、积极、进一步
效果	side effect(副作用)、huge crushing(巨大的压迫)、vastly diminished(急剧减少)、"unauthorized" births("未经授权"的孩子)、immense pressure(巨大的压力)	空前未有的、历史上接受教育最好的、从未有过的、极大(2次)、更多(6次)

在内容评价方面,维基百科往往选用"extreme"(极端)等负面倾向的词,同时还会加入程度副词"most"(最)等再次进行强调,暗示政策本身的不可协商性和强制性。而百度百科则采用"有效"等形容词,表明独生子女政策顺应时代,能有效解决国家的问题,是国家发展的必然需求,从而唤醒读者对该政策的认可。

而百度百科常常选择"有效""理性"等褒义词,例如:

维基百科:set a limit on the number of births parents could have, making it the world's **most extreme** example of population planning. (独生子女政策对父母可以生育子女的数量设定了限制,使其成为世界上**最极端的**人口规划例子。)

百度百科:解决这一问题的**最有效的**办法,就是响应国务院的号召,每对夫妇只生育一个子女。

在过程评价方面,维基百科采用"controversial(有争议的)"等形容词,突出表现政策推行过程不顺利,从而质疑该政策的合理性和科学性。而百度百科则正好相反,采用"十分美妙""强有力的"等褒义词,表明政策推行过程受到各方拥护,同时将政策的"不足之处"巧妙置于"建言献策"议题之下,从而暗示政策调整后能更加适应现实需要,例如:

> 维基百科:The policy is **controversial** outside China for many reasons, including accusations of human rights abuses in the implementation of the policy, as well as concerns about negative social consequences(这项政策在中国境外引起了很多争议,其中包括指责执行这项政策时侵犯了人权,担忧政策的负面社会后果。)
>
> 百度百科:当我们想到"关系"时,通常想到的是和他人的关系,但独生子女别无选择,必须学会和自己建立密切的关系,而这种自我相处是一件**十分美妙**的事,这让孩子很大程度上学会了自立。

在效果评价方面,维基百科常用"副作用""巨大压迫"等贬义词来强调独生子女政策带来的人口危机,而百度百科多用"空前未有的""从未有过的"等褒义词突出政策带来的福利。例如:

> 维基百科:They have this **huge crushing** demographic crisis as a result of the one-child policy. And if people don't start having more children, they're going to have a vastly diminished workforce to support a huge aging population.(独生子女政策给他们带来了巨大的人口危机。如果人们不开始生更多的孩子,他们将会面临一个局面:劳动力大量减少,同时还必须支撑庞大的老龄化人口。)
>
> 百度百科:女性受教育程度**空前未有的**高,在中国的城市里,像这样有才华的女性越来越常见,成为中国历史上接受教育最好的一代女性。

3. 信息源选择分析

虽然互联网百科全书的用户们在编纂条目时不允许原创,但是依然拥有选择信源的权力。通过确定和争夺信源的可靠性,引用和组织各种信源话语等策略,不同的互联网百科平台完全可以呈现完全不同的条目内容。

对比维基百科和百度百科的信息源,研究发现截至 2021 年 6 月 1 日,英文维基百科"独生子女政策"条目共有 191 个参考信源,其中 22 条来自中国媒体,比如新华社(8 条)、《中国日报》(7 条)等,仅占全部消息来源的 13.66%,其他剩下信源皆来自西方媒体,比如 CNN 和《卫报》等,占全部消息来源的 86.34%。而百度百科共引用了 24 个信源,基本来自中国的官方媒体网站和学术论文,其中包括人民网、求是网、新浪网和人口与计划生育办公室网站等。

显然,从信源引用和组织话语来看,维基百科和百度百科都无法实现"知识的均衡性"。作为一个介绍中国政策的条目,维基百科近90%的信源引用来自国外媒体对中国计生政策的叙述,导致条目内容仅仅是西方媒体对中国"霸权话语"的镜像呈现。而在百度百科中,信源内容仅来源于中国官方媒体,导致条目内容和行文风格基本呈现和政府官媒同调的特征。

总之,通过上述三方面的话语分析可以看出,虽然坚持了"非原创性原则",维基百科和百度百科选择和使用了政治倾向完全不同的信源,从而导致:在对中国政府和政策内容进行描述和评价时,维基百科更多倾向于使用"要求、强制、极端"等消极词语,而百度百科更倾向于"保障、理性"等积极词语;对于民众群体和政策效果描述,维基百科更多使用"受压迫、对抗、副作用"之类的消极词语,而百度百科则是使用"获得、收获、富足、健康"等积极词语;对权威专家和推行过程评价进行描述时,维基百科更多选择"质疑、争议"等消极词语,而百度百科选择"建议、强有力的"等积极词语。由此可以看出,同样是介绍中国政府的"独生子女政策",维基百科和百度百科塑造了不同的知识表征:前者构建了中国政府违反群众意愿、强制推行政策的知识表征,而百度百科则构建了中国政府一心为民、民众积极拥护政策的知识表征。

二、文化、平台与社群:知识圈层的形成原因

"圈层"最初是一个地理学术语,是用来阐释工业生产布局、城乡结构、社会文化等问题的基础概念。随后社会学者和人类学者将其引入和改造用来研究社会关系,分析财产、年龄、行业、血缘和阶层等形成的圈层。接着,传播学者又将其引入互联网研究领域,指称互联网媒介平台中通过集聚与互动,以兴趣和情感作为纽带,在关系、技术、经济、政治和文化维度建立并维系的一个个"圈子"[16]。这些互联网圈子如果致力于生产互联网知识,就会形成一个个"知识圈层"。如将维基百科和百度百科这两种截然不同的知识表征放在互联网虚拟空间中考察,其就表现为两个彼此隔绝分布的"知识圈层"。这种情况似乎和多数人所持有的"万物互联""流动空间""竞速时代"的互联网感知非常不同。由此,也自然提出一个问题:既然在百度百科和维基百科之间存在无数条彼此联通网络路径,为何依然会形成"知识圈层"呢?我们准备从"政治文化""平台资金""社群构成"三个视角来诠释"知识圈层"形成的原因。

1. 政治文化视角

维基百科平台总部位于美国。美国政治文化鼓励联邦政府遵循"少干预,重自律"的治理方针,不提倡公权力过多介入互联网百科平台,其具体表现为以下几个方面:第一,联邦法律为维基百科全书知识生产的自治自律奠定了基础。1966年美国出台的《信息自由法》等法律严格限制了政府对互联网平台的控制。维基百科依据联邦法律"先发布、后审核"等原则和手段推进维基知识生产,防止了政府对网络知识生产进行审查,奠定了维基百科平

台自治自律的环境[17]。第二,采用内容分级与过滤系统。由于公权力对网络信息的控制被严格限定,"使用方控制"理念得以提倡和发展,注重在法律的框架下设置内容分级与过滤系统,推动社群在维基百科平台的自组织活动,用社群监督来代替政府审查。第三,互联网行业协会以行业监督的形式制定具体的自律规范,并监督维基百科遵守。在这种环境下,维基百科基金会具有更多的自主权,确保所有用户拥有自由编纂的权利。也就是说,维基百科条目的知识和内容主要依靠庞大的维基社群在遵循美国法律和社群规约的基础上自组织编纂而成,而较少受美国政府或者某些大资本财团的影响和控制。

百度百科总部地处中国北京,隶属于中国的百度公司,长期处于"强国家—弱社会"的治理格局中。改革开放前,国家力量曾深入了政治、经济、文化,甚至私人生活等社会各个层面。改革开放后,虽然随着经济发展和思想开放,公民权意识逐渐觉醒,国家与社会之间的力量对比在缩小,但是结构性不平衡依然存在[18]。自互联网1994年正式接入中国以来,虽然不断发展的互联网产业为社会进行了较大赋权,但是政府治理主体在经历了信息化部门参与、宣传部门主导、国家网信办主持治理的演进阶段,中央政府、地方政府、基层政府分层级推进互联网内容治理,逐渐形成了立体化的治理层次,政府网络信息治理的广度、力度、深度不断提升,依然延续了"强国家—弱社会"治理模式[19]。伴随着互联网实名制、网络谣言入刑、"微信十条""约谈十条"等政府管理举措的实施,"强国家—弱社会"治理模式对百度百科平台的影响表现为两类:一类是属地化的日常监管,例如,直接监管百度百科现实中的网络冲浪设备,将数据监管责任下放至网络服务商和百度公司,主动利用数码监管技术屏蔽和过滤敏感信息等;另一类被称为任务式管理,例如,专项式整治,整合多个机构的资源与力量,进行大规模的从上至下的迅速整治。总之,基于这种"强国家—弱社会"的互联网空间治理景观,百度百科在表征"独生子女政策"时,通常必须依据权威主流媒体话语进行编纂,使政策内容和评价与国家主旋律基本保持一致。

2. 平台资金视角

维基百科平台由"维基媒体基金会"维持运作。该基金会由吉米·威尔士在2003年6月20日正式宣布成立的,最初资金来源于威尔士的营利性公司Bomis,后来为避免商业因素干涉维基百科全书的中立客观原则,而改为通过社会的自发捐赠来更新平台硬件设备、提升响应速度,并为基金会工作者提供必要报酬[20]。作为一家非营利机构,维基媒体基金会旨在发展和保持基于维基的开放内容计划,并向公众免费提供这些计划中的全部内容。雅虎董事沃夫曾指出"阻止维基百科发展成为一个富有的盈利企业的,正是那些让它如此有价值的东西[21]"。的确,从平台资本的角度可以发现,维基百科正是通过让渡平台自身的"商业价值",保证了维基媒体基金会能够筹集充足的非营利资金,从而防止任何想要以金钱与权力获得知识生成特权的行为,进而实现互联网信息自由。总之,通过第三方捐款,维基百科平台的编纂规则制定和条目编辑权力仍然保持在维基广大用户手中,正如第一届维基大会上吉米·威尔士表示:"维基百科诞生的真正意义在于,有序的规则可在无序的知识分享中诞生,从而形成知识。这一过程由编纂社群共同监督[22]。"

2006年4月20日,百度百科测试版上线,随后在2008年4月21日正式版发布。和维基百科不同,百度百科的运营资本并非来源于第三方的非营利捐赠,而是全部由百度公司负担。也就是说,虽然百度百科具有"免费公益"的非营利身份,拥有730多万用户无偿进行知识编纂,形成了互联网时代知识共享的云网络,但是其也是百度公司商业拓展计划中的重要一环。百度百科和百度知道、百度贴吧等平台共同构建了百度系下的知识互动社区,成功利用"锁定效应"①将用户锁定于以搜索引擎为基础的百度产品矩阵中,从而最大限度地获取了流量[23]。这就导致虽然百度百科也宣称"内容开放自由",但其内容发布采用"先审核,再发布"的方式,并不能摆脱百度母公司的控制和影响。

3. 社区群体视角

虽然互联网百科全书都宣称"人人可编辑,人人平等",但是由于语言社区和社群组织原则不同,不同平台的编纂社群非常不同。截至2021年6月1日,英文维基百科"独生子女政策"条目的社群共有3 695名编纂者进行书写和修改,留下了8 156次编辑历史,其中前十名编纂者撰写的内容占正文内容的51.1%,超过一半。根据这些用户在主页和讨论页的自我介绍,我们可以发现这些用户大多来源于西方语言文化区,比如来自美国波士顿的Eagles2023、来自加拿大的Peter K Burian等。而在百度百科中,"独生子女政策"条目进行了36次条目版本更新,其编纂者只有22个,都来自中国。由于百度百科要求政治类条目必须参考引用"人民网"和"新华社"内容,相比较维基百科中多人重复修改协商,百度百科用户之间的讨论并不充分,往往呈现"改完就走"的状态,22个编纂者仅有2人完成了非单次修改,其中用户"fengfan868"只进行了4次编辑,就成为整个条目贡献值最大的人。

从社群组织结构的话语权分配上,维基百科采取社群"自我管理,自我运营"的方式,主要通过社群声望和"自下而上"的选举机制产生管理员、行政员、仲裁员等人员。这些人员通常拥有更大的话语权限,在解决社区话语争论、确定条目内容方面有时会起到非常重要的作用。而百度百科则更多采用"公司指导"与"晋级管理"相结合的方式,即百度百科设定了一套类似游戏的"晋升奖励规则",用户可以通过编辑条目、完善条目内容、创建特色条目等方式获得财富值和经验值,从而赢得相应等级和头衔。此外,百度社群最终还必须接受百度百科官方管理团队成员的指导、评审和检查,比如百科女史、du小来、du鸿儒、du蝶衣、du晓时等成员[24]。

总之,维基百科和百度百科虽然都是互联网百科全书,但是两者分别处于截然不同的网络环境之中。维基百科资金来源于第三方捐赠,能够最大限度地摆脱政治和资本对条目内容的影响与控制,但是由于其社群意见领袖主要来自西方文化圈,导致其条目内容受西方媒体意见和观点的影响较大,从而构建了质疑中国"独生子女政策"合理性的知识表征。而百度百科资金来源于百度公司,且在中国政府的严格监管之下,其编纂社群成员主要来自中国,社群意见领袖接受百度官方团队成员指导、监督和评审,导致其内容基本反映了中国政府主流媒体的意见,从而构建出了拥护中国"独生子女政策"的知识表征。

---

① 所谓锁定效应是指互联网公司通过多元产品服务让用户对其产生路径依赖,从而获得竞争优势。参见帕里泽. 过滤泡:互联网对我们的隐私操纵[M].方师师,杨媛,译.北京:中国人民大学出版社,2020:32.

三、结论

在空间理论学者们看来,空间并不是一种客观自然物,而是社会生活的表现[11]504。从知识社会学来看,空间不仅仅是知识生产的背景,还应该被视为知识话语的结构。据此,不同的空间批评理论家对知识结构形成了不同的空间想象:在前互联网时代,福柯将知识空间想象为一个全景性的敞视监狱,权力置于瞭望塔,无处不在地形塑着知识结构[25]。列斐伏尔将知识空间想象为一种永恒的、结构性的、自成体系的巨大厂房,在资本的运作下不停自我生产[26]。哈维将知识空间想象成后现代的塌陷、内缩和分裂的碎片,在全球化和地域化的矛盾与张力中生成[10]249-386。在互联网时代,温伯格将知识空间想象成一张巨大的渔网,扁平式地无限铺展[12]。卡斯特则将知识空间想象为快速流动的河网,其中一些功能化和等级化的网络节点在知识生产、分配和消费中定位于最有利的区位,牢牢控制着整个网络知识形态[11]505。

可以说,这些学者从不同空间视角深化了学界对人类各种知识形态的了解。然而,从本文实证分析来看,这些视角似乎并不能解释互联网百科全书中的"知识圈层"现象:首先,互联网知识并非完全在福柯所认为的"权力无处不在的集体监视"中形塑的。在网络空间中,由于技术限制、语言限制和文化圈层等原因,并不存在某一无处不在的权力,而是存在大量该权力不能触及的空间角落。其次,互联网知识也不是一个整齐如一、结构严谨的巨大厂房,而是一个个碎片式的封闭空间,它们每天都在大量用户的辛勤工作中不断无限衍生,织成一张巨大的知识之网。最后,除了维基百科和百度百科,互联网知识平台还包括脸书、豆瓣和知乎等用户组讨论平台。这些平台中不同用户社群都可能会生成不同的"知识圈层"。如果把互联网知识平台隐喻为拥有各种不同类型"知识圈层"的"知识星球",那么互联网知识并非一张平铺的渔网,也非由个别关键节点决定的河网,而是由一个个形成原因、资金机制、文化特征和权力结构都截然不同的"知识星球"连缀而成的"星际知网"。也就是说,在传统世界中,权力总是倾向于排挤各类异类知识,并让其彻底消逝于时间洪流和空间地理中。而在互联网中,虽然依然不能摆脱"锁定效应"和"眼球经济效应",各种异类的"知识圈层"却能够在"星际知网"中找到长期生存的空间。随着区块链技术的出现,这些"知识圈层"甚至永远不会消逝,它们大小不同、层次不同,彼此分离又彼此沟通,形成层层叠叠的蜂窝状"马赛克知识",经过光缆、路由等进行连接,形成庞大的"星际知网",观众只需采用"多元化搜索",突破算法、语言、社群、文化、意识形态和互联网公司构建的"圈层",真正实现"多元、平衡、中立、客观"知识。

更进一步,虽然从微观知识论视角,维基百科和百度百科都不能实现自我宣称的目标——"建立一部完整、准确且中立的百科全书"和"让人类平等认知世界的百科全书",但是从宏观知识论视角,对两者进行互文性关照考察,就能发现两个"知识圈层"互相补充、彼此对照,正好充实完善了人类对知识的多角度认识。在这个意义上,后真相时代知识悲观主义者认为理想主义者的互联网"知识平权"运动是"乌托邦",并不正确。虚拟空间中的

"星际知网"的确是一部"多元而丰富的人类知识宝库"。互联网依然在为人类知识的生成和积累贡献着力量,从而具有以前所有时代都没有的积极意义。

参考文献

[1] 培根. 新工具[M]. 关其桐,译. 北京:商务印书馆,1936:20-33.
[2] 维柯. 新科学[M]. 朱光潜,译. 北京:商务印书馆,1989:154.
[3] Veblen T. The Place of Science in Modern Civilisation [J]. American Journal of Sociology,1906(11):585-609.
[4] 舍勒. 知识社会学问题[M]. 艾彦,译. 南京:译林出版社,2021:1-10.
[5] 曼海姆. 意识形态与乌托邦[M]. 李步楼,译. 北京:商务印书馆,2014:10-23.
[6] 福柯. 知识考古学[M]. 谢月,译. 北京:生活·读书·新知三联书店,2003.
[7] 拉图尔. 科学在行动:怎样在社会中跟随科学家和工程师[M]. 刘文旋,郑开,译. 北京:东方出版社,2005.
[8] 伯克. 知识社会史[M]. 陈志宏,王婉旎,译. 杭州:浙江大学出版社,2006.
[9] 利文斯通. 科学知识的地理[M]. 孟锴,译. 北京:商务印书馆,2017:1.
[10] 哈维. 后现代的状况:对文化变迁之缘起的探究[M]. 阎嘉,译. 北京:商务印书馆,2003.
[11] 卡斯特. 网络社会的崛起[M]. 夏铸九,王志弘,译. 北京:社会科学文献出版社,2003.
[12] 温伯格. 知识的边界[M]. 胡泳,译. 太原:山西人民出版社,2014:4.
[13] 克里斯塔斯基. 富勒大连接[M]. 简学,译. 北京:中国人民大学出版社,2013.
[14] Wikipedia main page [EB/OL]. [2021-07-21]. https://en.wikipedia.org/wiki/Main_Page.
[15] Eschholz P,Rosa A,Clark V. Language Awareness [M]. New York:St. Martin's Press,1982:209.
[16] 彭兰. 网络的圈子化:关系、文化、技术维度下的类聚与群分[J]. 编辑之友,2019(11):5-11.
[17] Ackerman J M,Sandoval-Ballesteros I-E. 全球爆炸的信息自由法[J]. 余正成,余宇溪,译. 行政法论丛,2018(1):294-338.
[18] 刘锐. 强国家弱社会背景下的新浪微博实名制研究[J]. 国际新闻界,2015,37(03):38-51.
[19] 朱垚颖,张博诚. 演进与调节:互联网内容治理中的政府主体研究[J]. 人民论坛·学术前沿,2021(05):102-107.
[20] 刘千桂. 互联网商业模式创新发展与路径选择[M]. 北京:企业管理出版社,2015:83.
[21] 维基百科和它的创始人,你绝对不知道的纠结故事[EB/OL]. [2021-04-29]. https://www.guokr.com/article/437238/.
[22] 王京山. 维客多人协同的奇迹[M]. 北京:中央编译出版社,2013:79.
[23] 帕里泽. 过滤泡:互联网对我们的隐秘操纵[M]. 方师师,杨媛,译. 北京:中国人民大学出版社,2020:32.
[24] 百科官方团队的用户名称往往会有"du"作为标识,从而与非管理团队进行区分。
[25] 福柯. 规训与惩罚[M]. 刘北成,杨远婴,译. 北京:生活·读书·新知三联书店,2003:210-231.
[26] 列斐伏尔. 空间与政治[M]. 李春,译. 上海:上海人民出版社,2008:7-9.

关于媒体故意效应量的商榷:强效果、弱效果还是中等效果[①]

白如金[②] 姚君喜[③] 张国良[④]

【摘 要】 媒体故意效应指观点对立的双方都主观地认为均衡的媒体报道于己不利,其实质为群体偏见的主观感知。该理论1985年提出,至今已有35年。目前已成为西方新闻传播研究的重要理论之一。其发展历经绝对媒体故意效应和相对媒体故意效应两个阶段,研究呈现渐进性、综合性、交叉性、实用性四个特征。我国对该理论的研究关注度较低,本土化实证研究更是稀缺。效应量指传播效果大小。对于媒体故意效应量(传播效果大小),目前国内外学界大多以美国传播学者格伦·J.汉森(Glenn J. Hansen)和金铉政(Hyunjung Kim)的2010年研究结论为依据,认为媒体故意效应总体上是一个中等偏弱的传播效应(0.296,中等效应的标准值为3)。本研究认为,总体来看,媒体故意效应是一种中等程度的传播效果,但属中等偏上的传播效果(0.353),而非中等偏下($r=0.296$),因临界值为3,因此意义重大,且不同议题之间差距显著(最大差距达0.891)。具体来说,在政治冲突、罢工等议题中表现为强效应,而在一般议题中表现为弱效应或中等效应。因此,不能将不同议题的媒体故意效应做平均处理,需要针对不同议题有区别地分析。

【关键词】 媒体故意效应;媒体故意效果;媒体故意感知;传播效果;商榷

媒体故意效应又称"媒体故意感知"(Hostile Media Perception,HMP)或"媒体故意效果"(Hostile Media Effect,HME),指"观点对立的双方都主观地认为均衡的媒体报道于己不利[1]"。该理论是美国斯坦福大学的三位社会心理学家罗伯特·瓦诺内(Robert Vallone)、里·罗斯(Lee Ross)和马克·莱珀(Mark Lepper)在1985年首次提出,至今已有35年。三位社会心理学家通过对"贝鲁特大屠杀事件"[2]的研究,证实媒体故意效应的客观存在[3]。目前,媒体故意效应研究已成为西方传播学研究的重要理论,特别是在政治传播、环境传播、健康传播、舆论学、心理学等领域应用广泛。

"HME"与"HMP"是西方学界在研究媒体故意效应时使用频率较高的词语。"Effect"

[①] 本文为国家社科基金重大项目"汉语异域传播与中国文化影响模式研究"(17ZDA273)的阶段性成果。
[②] 兰州大学新闻与传播学院讲师。
[③] 上海交通大学媒体与传播学院教授。
[④] 上海交通大学媒体与传播学院教授。

意思是"效果","Perception"意思是"认知",两者差别在于考察视角不同,即"HME"侧重于传播效果,"HMP"侧重于受众的主观认知。选用哪一个,在学术研究时,学者往往会根据研究取向选择合适的词语。如侧重考察传播效果时,使用"HME"。侧重考察受众的主观认知时,使用"HMP"。国内学术界对该理论的翻译比较混乱,主要有:媒体故意效应、媒体故意效果、媒体故意感知、媒介故意感知、媒介故意效果、媒介故意认知等。本文以"媒体故意效应"为主,主要考虑"效应"能较好地涵盖"效果"与"认知"。

一、媒体故意效应研究的两个阶段

1. 绝对媒体故意效应阶段:媒体故意效应的提出、探索和验证期(1985—2000年)

1985—2000年的15年,是媒体故意效应的提出、探索、和验证时期,也称绝对媒体故意效应阶段。媒体故意效应研究始于1985年,斯坦福大学三位社会心理学家罗伯特·瓦诺内、里·罗斯和马克·莱珀通过对1982年"黎以战争"发生的"贝鲁特大屠杀事件"进行实证研究,提出并验证了该理论。"贝鲁特大屠杀事件"发生后,电视媒体对该事件进行了全面的报道,然而民众对电视媒体报道的反应却令人感到意外和疑惑。支持以色列和支持黎巴嫩的民众都对电视新闻报道提出了抗议,他们认为电视媒体在偏袒对方,为对方讲话。支持以色列的观众也认为,电视新闻报道中有大量以色列空袭轰炸贝鲁特的镜头,暗示以色列是凶手,是侵略者。支持黎巴嫩的观众认为,电视的报道同样在偏袒对方。双方都对媒介的报道提出抗议。电视媒体对同一件事(贝鲁特事件)的均衡报道,引发立场不同的受众抗议,这一现象引发了学者的关注。三位研究者设计了一个实验。他们准备了一些关于贝鲁特事件的新闻报道,这些报道比较客观均衡,然后让立场不同的实验对象观看。实验结果显示,对立的双方都认为电视新闻于己不利。实验发现,立场不同的受众对相同的新闻报道的感知产生了一些微妙的细微差别。这种感知有悖于传统的社会心理学认知。实验结果无法用传统的社会心理学理论解释。传统的社会心理学认为,受众在接受新闻报道的时候会采用自我介入的方式(egocentrically)寻找有利于自己或支持自己观点的论据。但在"贝鲁特事件"的新闻报道中,立场对立的受众都认为媒介的报道偏袒对方,于己不利,即双方都对媒介的均衡报道感到"故意"。由此,"媒体故意效应"就这样被发现,并得到验证。

早期的媒体故意效应研究大多选择具有争议性的问题,如"贝鲁特大屠杀事件",多以传统媒介如报纸新闻报道、电视新闻报道为主,对新闻报道性质上尽可能保持客观、准确、均衡,研究对象也到大都为观点或者立场相对的双方。

2. 相对媒体故意效应阶段:媒体故意效应理论的衍生与扩展(2000年至今)

相对媒体故意效应是绝对媒体故意效应的衍生和扩展。从2000年开始,媒体故意效应研究出现一些新变化,主要体现在研究对象不再是客观、均衡的新闻报道,而是带有一定立场的新闻媒体。绝对媒体故意效应研究关注的是偏激的受众,自2000年以后,普通大众也逐渐进入研究领域。这是因为在日常生活中绝对均衡的新闻报道(也就是没有立场的新闻媒介)几乎不存在,现实生活的媒介或新闻报道往往都带有一定的立场和倾向。同时,普通大众也不全是带有偏见,社会焦点事件往往跟普通大众没有什么利益关系,普通大众仅仅是毫不相关的旁观者。因此,自2000年开始,媒体故意效应研究逐渐转向大众化、生活化、普通化,这使得研究范围得以扩大,研究对象得以拓展。

在普通大众和带有立场的新闻报道中,媒体故意效应是否还存在?相对媒体故意效应正是对这个问题的回答:"不论新闻媒体报道的内容是否均衡,对立双方总会对新闻报道内容做出截然不同的认知[1]。"相对媒体故意效应的提出是对绝对媒体故意效应的完善和发展,将媒体故意效应的研究范围扩大到所有大众媒介,研究议题也从有党派对立针锋相对的焦点话题扩大到争论不大的一般性话题。2001年美国学者阿尔伯特·C.冈瑟(Albert C. Gunther)、辛迪·T.克里森(Cindy T. Christen)、贾尼丝·L.利布哈尔特(Janice L. Liebhart)等通过对实验是否可以使用灵长类动物这个存在争议话题进行分析后发现:对灵长类动物能否做实验这一话题,意见对立的双方在阅读相同的新闻报道后,都认为媒体反对使用灵长类动物作为实验品。其中,支持使用灵长类动物进行实验的读者反对意见明显高于不支持者。也就说,立场不同的双方对相同的新闻报道做出了不一样的认知判断:"支持方认为媒体持强烈反对立场,对己方故意强烈;反对者则认为媒体怀有轻微反对立场,对己方的故意轻微。这说明,媒体故意的感知从媒体偏向方向的分歧(媒体故意效应的双方都认为媒体是不利己方的)转换到媒体偏向程度的分析(双方都认为媒体偏向一方,但对这种偏向的感知程度有所不同)[4]。"相对媒体故意效应扩大了媒体故意效应应用范围[5],并将"媒体观点与个人观点这两个单独的要素统一为一个关系要素"[1]。

二、媒体故意效应研究特征

媒体故意效应有三个核心要素:媒介、受众、效果。媒介必须客观中立,对新闻事件的报道均衡。受众立场对立,且带有偏见。媒介效果带偏见(即对立双方都认为媒介报道偏袒对方,于己不利)。媒体故意效应"并不是直接的媒介效果,而是一种基于受众认知的间接媒介效果,其研究对象并不是媒介内容,而是人们对媒介内容的感知[6]"。因此,媒体故意效应不同于传统的媒体效果理论。传统媒体效果理论以媒介为自变量,考察媒介的传播方式和传播内容对信息接收者(受众)的认知、情感、行为等直接影响。媒体故意效应不直接考察媒介效果,而以受众为自变量,考察受众对媒体认知与客观现实之间的偏差程度[7]。

纵观媒体故意效应研究发展历程,其研究呈现如下四个特征:

1. 渐进性

媒体故意效应研究从1985年针锋相对的对"贝鲁特人屠杀事件"的关注,以致绝对媒体故意效应提出,到2000年"灵长类动物实验"的研究,以致相对媒体故意效应提出,到当前的时代,5G通信技术的商用化,媒介生态已经发生了巨变,互联网、社交媒介、短视频等新媒介已成为不可忽视的重要力量。媒体故意效应研究呈现出渐进性的特点。

媒体故意效应的研究渐进性突出表现在其研究层次的不断深化。媒体故意效应从最初的社会心理学，逐渐拓展到大众传播、健康传播、舆论学、教育学，研究得到美国众多社会机构、基金的支持赞助。研究领域从具有明显分析的社会重大事件逐渐扩展到一般的社会焦点事件，使其适用范围更加宽广，研究成果从单一的科研论文到研究专著，以及科研项目。如何让受众更加开放、宽容地面对跟自己观点相左的意见，我们该如何克服媒体故意效应？新闻机构怎么组织新闻报道，哪种策略能更好地消除或削弱受众的媒体故意效应？到目前为止，西方社会的媒体故意效应研究已开始转移到对媒体故意效应的控制上，这必将对社会舆论的形成、民主法治社会的建设产生更大的价值和意义。在后真相时代，传统媒介的公信力受到网络新媒体的挑战，如何重塑媒介的公信力？这些都表明媒体故意效应研究的从简单渐渐地向交叉、综合、应用性方向发展。

2. 交叉性

媒体故意效应研究发轫于社会心理学，经过35年的发展，目前已适用于大多数社会科学领域，特别是传播学（健康传媒、媒介研究、风险传播等）、舆论学以及医学。

媒体故意效应研究的交叉性突出体现为学科交叉融合。学科交叉融合发展可以突破传统学科壁垒，实现文理交叉融合，自然科学与社会科学的共同进步，是学术创新的重要方式之一。媒体故意效应已经突破原有社会心理学的限制，将认知心理学应用到社会学、大众传播学、健康传播、政治传播、健康医学等领域，从个体认知偏差的视角深化了以上学科的交叉融合。如美国伊利诺伊大学艾伦·维恩斯特拉（Aaron S. Veenstra）等将媒体故意效应与美国政党大选结合，从社会认同的视角，考察了党派内部的媒体故意效应[8]。沃尔夫冈·林登（Wolfgang Linden）、安吉拉·M. 拉门斯多夫（Angela M. Lamensdorf）从健康传播的视角研究了媒体故意效应与血压之间的关系[9]。多萝西·阿尔特（Dorothee Arlt）等从媒体故意效应的视角研究欧洲难民问题，将该理论与国际关系连接起来[10]。媒体故意效应与舆论学、教育学、语言学、认知行为科学等都有交叉融合。随着信息技术的发展，学科交叉和融合的推进，以及媒介生态的改编，媒体故意效应与其他学科之间的交叉融合必将进一步深入。

3. 综合性

媒体故意效应研究的综合性体现在很多研究项目承前启后，共同推动了该理论的深化。绝对媒体故意效应研究的深入，学者提出了相对媒体故意效应。随着社会环境的变化，从20世纪80年代理论创立伊始，到2000年相对媒体故意效应的衍生，媒介环境又有了巨大变化。一些新的学科、新的研究方法也逐渐成熟，媒体故意效应研究的综合性贯穿始终。

2015年理查德·佩罗夫（Richard Perloff）在《大众传播与社会》（*Mass Communication & Society*）发表了一篇题为《近三十年来媒体故意效应研究》（"A Three-Decade Retrospective on the Hostile Media Effect"）的综述文章[11]。这篇文章梳理了媒体故意效应研究自绝对媒体故意效应提出，到相对媒体故意效应的发展转变历程，同时概括总结了媒体故意效应研究的常用理论依据，如选择性认知、信息处理理论、铺垫效果理论、身份认同理论,还对媒体敌意效应的影响因素做了梳理和总结,考察了社会认同、社会参与等因素对媒体敌意效应的影响,最后为该理论的发展指出了三个方向,即社交媒体、党派媒体以及政治传播和心理学。佩罗夫教授对媒体敌意效应的梳理、回顾、总结、展望,为媒体敌意效应未来的发现方向指明了道路。在全球关注媒体敌意效应的学者共同努力下,媒体敌意研究综合性愈加显著。

4. 应用性

媒体敌意效应理论是社会心理学家对社会现象的观察思考,并通过科学实验进行验证。随着研究的深化,该理论研究的应用性逐渐增强,可以说应用性是贯穿媒体敌意效应研究的一条主线。学术研究的应用性源自社会问题的出现,因此,解决社会问题,为社会问题、现象,提供现象背后的运行机制和有效对策是学术应用研究的重要任务。由个人主观认知偏见所致而产生的社会问题,如舆论学、政党大选、健康、心理等可以通过媒体敌意效应理论的视角,分析这些社会现象背后的心理运行机制,以便更好地引导、解决社会问题。

媒体敌意效应研究的应用性突出体现在,其研究任务具有解决问题、提供对策的导向。1985 年媒体敌意效果研究是为了探究"贝鲁特大屠杀"事件中观点对立的双方都对媒体的均衡报道抗议不满的原因。三位学者从社会心理学的视角,探究了个体认知对媒介信息的主观偏见,进而提出了媒体敌意效果理论。此后的 35 年间,媒体敌意效果研究大多针对某一社会现象,解决某一社会问题而进行。这正是该理论交叉、融合性的具体体现。当然,这些所有的媒体敌意效应研究,都有一个共同的现象,那就是脱离不了媒体敌意效应的理论框架、分析角度。随着学科交叉融合发展,以及社会环境的变化,应用性将更加明显。

三、中国媒体敌意效应研究现状

目前,西方国家的媒体敌意效应研究已经非常成熟,研究变量逐渐丰富,研究框架逐渐复杂,研究视野从社会心理学逐渐扩展到政治传播、健康传播、环境传播,研究领域不断扩大,研究视野不断开阔,已成为全球传播学者都关注的焦点,以"媒体敌意效应""媒体敌意感知""媒体敌意效果"为研究主题的科研论文已多达上万。中国的港澳台学界,虽对其已有所关注,但研究的深度和力度远远不够。随着媒体敌意效应研究的发展,特别是在香港学界的推介引入下,中国大陆学界对媒体敌意效应的研究已有所关注,但总体来说还是非常薄弱。

1. 中国学界对媒体敌意效应研究的基本概况

国外对媒体敌意效应研究进行得如火如荼,那么中国对这一理论的研究如何？通过对港澳、台湾及大陆学界相关研究的梳理发现,虽然中国学界对媒体敌意效应有所关注,但相对于西方传播学界,明显滞后,且研究的深度和力度不够。特别是中国大陆学界鲜有学者进行媒体敌意效应进行全方位的本土化研究。随着媒体敌意效应研究的发展,港澳学界的推介引入,中国大陆学界已对其有所关注。下面分别对台湾学界、港澳学界、大陆学界的研究情况分别进行简介。

1)台湾学界媒体故意效应研究状况

对台湾硕博论文知识加值系统、台湾大学学术期刊资料库两个学术数据库,以"媒体故意"为关键词检索,检索到7篇文献。通过对已有文献分析可知,台湾学界对"媒体故意效应"已有关注,但是关注度不高。尚未发现以"媒体故意效应"为主旨的研究,已有研究大多结合台湾具体的社会现象,如"军公教"年金改革、青年选举行为,讨论了该理论对台湾社会以及政治传播的影响,或者以媒体故意效应研究的相关理论,如认知失协理论,对台湾的网络社会出现的问题(婚姻平权议题)进行讨论[12]。

2)港澳学界媒体故意效应研究状况

港澳学界(以香港为主,特别是香港中文大学、香港浸会大学、香港城市大学的学者)对媒体故意效应关注比较早。通过对《传播与社会学刊》以"媒体故意效应"或"媒体故意"为关键词进行检索,共发现2篇相关文献。其中2012年该刊刊登了美国阿拉巴马大学传播与信息学院教授周树华的文章《敌意媒体理论:媒体偏见的主观感知研究》[1]。文章对媒体故意理论如何创立,以及近三十年来国外的研究概况进行了大概梳理。2016年该刊编委魏然教授邀请媒体故意理论的创始人之一马克·莱珀进行了专访,发表了题为《媒体故意效应:一位理论创建者的回顾与展望》一文[13]。通过两人的交流,马克·莱珀回忆了媒体故意理论发现的来龙去脉,并对该理论的前人综述做了点评,还对以后的发展趋向做了展望。这两篇引入推介性论文,表明香港学界开始关注媒体故意效应,同时他们也认识到该理论中国本土化研究的缺失,表达对该理论在中国本土化研究的渴望和期盼。

3)大陆学界媒体故意效应研究状况

总体来说,大陆的媒体故意效应研究起步较晚,以引介为主,尚缺乏对该理论本土化验证。近年来,经港澳学界引介,中国大陆学者也逐渐关注该理论。

在中国知网(CNKI)以"媒体故意"为关键词进行检索,共检索相关文献14篇(见表1),其中硕士学位论文5篇,期刊论文9篇。大陆学界最早对媒体故意效应的关注始于2011年,相比西方学界滞后多年。其中,综述性文章有4篇,郭颖、余红、刘杉、马萍几位学者对媒体故意效应进行了引介。2013年学界就开始关注该理论。近期也有学者从受众认知的角度,对媒体故意研究的转向进行了探究[14]。这说明媒体故意效应开始得到中国大陆学界的持续关注。此外,也有学者从舆情风险、网络表达、医患关系、社会互动等视角对媒体故意效应进行研究。

表1 大陆媒体故意效应研究文献梳理

年份	作者	文献题名	出版单位	类型
2011	薛可;梁海;余明阳	社会互动对媒体故意效果的影响	上海交通大学学报	J
2013	刘杉;方明豪	媒体故意效应的本土化解读:适用与拓展	文化学刊	J

(续表)

年份	作者	文献题名	出版单位	类型
2014	管静静	微博互动及其对媒体故意效应的影响研究	江西师范大学	D
2017	宋佳;孙宇科	微媒体舆情传播中媒体故意感知与人为风险引导——基于认知传播视角的分析	当代传播	J
2018	高越	医患关系报道的媒体偏见及受众敌意偏见感知研究	西华师范大学	D
2018	罗越	媒介故意效果:转基因食品报道及其感知偏差	西南政法大学	D
2018	李婳婳	作为一种群际现象的媒体故意效应	华中科技大学	D
2018	郭颖	媒介故意效果研究:问题与本土化适用	理论月刊	J
2018	刘一鸣;张媛	微媒体舆情风险成因与引导策略探究	传媒观察	J
2018	马海娇;马二伟	受众卷入、媒体故意认知与网络表达行为的关系研究	新闻与传播评论	J
2018	余红;李婳婳	媒体故意效应的溯源、沿革和本土化	新闻界	J
2018	贺建平;罗越	多元无知效果理论视角下的医患关系认知偏差	今传媒	J
2019	陈亚楠	大学生微博用户的媒体故意认知研究	东北师范大学	D
2020	马萍	媒介故意效果:媒体偏见研究的新转向	兰州大学学报	J

通过对大陆学者媒体故意效应研究文献关键词的共现聚类结果分析发现,大陆学者对媒体故意效应研究主要围绕受众偏见研究、信息研究、公共舆论、个体态度、媒介公信力、社会互动六方面的内容;受众偏见研究是主要研究方向,其次是信息来源研究、公共舆论研究、个体态度研究、媒介公信力研究和社会互动研究。消息来源是大陆学者在媒体故意效应研究的首要考虑因素。其次是公共舆论研究、媒介公信力。

2. 中国大陆媒体故意效应本土化研究滞后原因

通过对港澳、台湾、大陆相关研究文献的梳理可知,相比西方传播学界,中国对该理论的研究滞后,研究深度和力度不够,缺乏系统深入的本土化研究。为什么中国媒体故意效应本土化研究滞后?本研究认为可能有以下几方面原因:

(1) 长期以来该理论被国内学者忽略,没有引起国内学者的关注。从文献检索数量看,华人学者中仅有数位关注过该理论,且他们大多是以引进、介绍该理论在西方的研究成果、研究发展历程的角度进行了文献梳理,并没有进行进一步的探究。鲜有学者结合中国语境从不同学科的视角,进行本土化的实证研究。

(2) 部分学者认为媒体故意效应受制于政体制约,缺乏自由讨论的学术土壤。中国实行的是共产党领导下的多党协商体制,在以中国共产党的核心领导下,中国政局稳定,社会平稳发展,不存在西方社会的多党选举。西方的媒体故意效应研究主要集中于政治传播、危机传播,特别是政府大选、极端冲突。因此部分专家、学者认为由于中国不存在多党轮流执政,因此也就没有政党竞选研究的土壤,所以学术土壤发育并不充分。

（3）中国传播学发展不完善。媒体故意效应目前已成为西方社会的主流研究理论,在政治传播、健康传播、舆论学等领域做出了突出贡献。但是中国传播学界对该理论缺乏必要的讨论和实证研究,不能不说这是中国传播学界的一大遗憾和损失。同时,这也说明中国传播学研究还不够完善。

四、媒体故意效应量的再思考

1. 汉森和金:媒体故意效应是中等偏弱的传播效果

媒体故意效应属于传播效果研究的范畴。媒体故意效应虽然又称"媒体故意效果",但它不同于传统的传播效果理论,这些传统的媒介效果理论,如"魔弹论""议程设置理论""沉默的螺旋理论""知沟理论""第三人效果理论"等,以媒介为自变量,考察媒介的传播方式和传播内容对信息接收者（受众）的认知、情感、行为等影响。媒体故意效应不直接考察媒介效果,而以受众为自变量,考察受众对媒体认知与客观现实之间的偏差程度[7]。

"媒体故意效应"与"第三人效果"理论和"沉默的螺旋"理论的关系密切。这三个理论都是从受众的视角进行考察,但它们仍有细微差别,每个理论都有自己的着力点,正是这些差别的存在才使它们成为各具特色的理论。"媒体故意效应"与"第三人效果"理论的区别:"媒体故意效应"考察受众对媒介内容的直观感知与客观现实的偏差;"第三人效果"理论考察受众对媒介影响的态度、情感、行为的感知,特别是对"他者"的影响。"媒体故意效应"与"沉默的螺旋"理论的区别:"沉默的螺旋"理论是受众在对社会舆论感知基础上的意见表达,"媒体故意效应"着眼于受众对媒介态度的个体主观感知与客观现实的偏差。虽然,这三个理论着眼点不同,但又有着一定的关联。"沉默的螺旋"理论和"第三人效果"理论可以看作"媒体故意效应"研究的拓展和延伸。

如何获得最佳传播效果,使传播效果最优化,一直是传播研究的核心问题。可以说,以传播效果最优化、最大化为宗旨的传播效果研究贯穿传播研究的始终。无论早期的"枪弹论",到如今的"媒体故意效应"研究。因此,这就涉及传播效果的大小问题,对这一问题的探讨可参考目前学界对传播效果研究的发展阶段的几个共识。关于传播效果发展阶段,不少学者进行过总结概括,目前影响比较大的说法有:三阶段说、四阶段说。三阶段说是由美国学者伊莱休·卡茨（Elihu Katz）在1977年提出,即认为传播效果的发展大致经历了"强效果—弱效果—强效果但非万能"[15]。四阶段说由美国学者维尔纳·塞弗林（Werner Sevrin）和詹姆斯·W.坦卡德（James W. Tankard）在1981年提出,四阶段即"枪弹论""有限效果论""适度效果论""强大效果论"[16]。

媒体故意效应是传播效果研究的组成部分,那么媒体故意效应是传播效果中的强效果、弱效果、还是中等效果？目前国内外学界基本认同媒体故意效应是中等偏弱的传播效果。这种观点来自美国传播学者汉森和金2010年的一项研究发现。汉森和金以34项媒体故意效应为主题的研究文章为研究对象，通过对这34项媒体故意效应研究文章中媒体故意效应值的计算发现，媒体故意效应值$r=0.296$[17]（r的95%置信区间为0.225～0.367）。根据关于r系数0.1、0.3、0.5为判断小、中、大效果的评判标准，进而确定媒体故意效应大小为中等偏弱效果。

2. 媒体故意效应的再思考

媒体故意效果是中等偏强的传播效果，且不同主题差距显著。因此，不能一概而论，需要具体分析。本研究将汉森和金的34项媒体故意效应研究的文献（见表2）再次一一整理，重新计算后发现，媒体故意效应r均值应为0.352，并非0.296。虽然两者仅仅差了0.056，但由于两个不同的数值之间跨越3，而3恰好是中等效果的临界值。因此，差距虽小，但意义重大。由此，本研究认为，总体上媒体故意效应仍是中等效应水平，这与汉森和金的发现一致。如果从具体主题来分析，不同的主题呈现出的媒体故意效应的水平差别较大。34项研究中，r值大于0.5（媒体故意效应呈现高水平）的有8项，小于0.3（媒体故意效应呈现低水平）的有17项，其中小于0.1的仅有两项，介于0.3至0.5之间的（媒体故意效应呈现中等水平）有9项。这说明34项有关媒体故意效应水平的研究差异非常大，既有呈现明显高效应水平的，也有呈现明显低效应水平的，因此将所有的媒体故意效应综合起来平均计算，并用均值来概述媒体故意水平为中等效应，并不是一个非常精准的结论。媒体故意效应水平的高低需要根据具体的话题、情景来具体分析。同一个话题既有可能是高水平的，也有可能是中等水平的，还有可能是低水平的，如关于转基因食品的三项研究中，r值分别为0.910、0.406、0.027，三者差距显著。同时，呈现高水平的媒体故意效应研究话题主要集中在转基因食品、冲突、赌博、竞选等方面。以冲突话题为例，34项研究中有8项是关于冲突话题的研究，这8项研究r值分别为：0.660、0.640、0.545、0.540、0.490、0.410、0.363、0.136，8项研究r均值为0.473，离媒体故意效应高水平0.5的阈值非常接近。远高于汉森和金34项媒体故意效应研究总体水平0.352的结论。当然，冲突话题媒体故意效应r值也有0.136，这可能跟冲突的程度及类型有很大关系。但总体来说，高水平媒体故意效应在参与程度较高的竞选、罢工以及激烈的冲突话题中表现突出。

表2 媒体故意效应水平分析[17]

效果等级	作者	讨论主题	样本数	r值	参与程度
强效果	Gunther & Liebhart (2006)[18]	转基因食品	154	0.910	高
	Tsfati & Cohen (2005)[19]	冲突	413	0.660	高
	Vallone, Ross, & Lepper (1985)[20]	冲突	143	0.640	高
	Chia, Yong, Wong, & Koh (2007)[21]	赌博	109	0.588	高
	Hoffner & Toohey (2007)[22]	竞选	234	0.586	中

(续表)

效果等级	作者	讨论主题	样本数	r 值	参与程度
	Christen, Kannaovakun, & Gunther (2002)[23]	罢工	135	0.580	高
	Mende (2008)[24]	冲突	242	0.545	高
	Giner-Sorolla & Chaiken (1994)[25]	冲突	132	0.540	中
	Gunther (1992)[26]	媒介	985	0.490	中
	Matheson & Dursun (2001)[27]	冲突	60	0.490	高
	Gunther & Chia (2001)[5]	灵长类实验	76	0.485	高
	Choi & Chang (2007)[28]	安全	85	0.470	高
中等效果	Perloff (1989)[29]	冲突	68	0.410	高
	Gunther & Schmitt (2010)[30]	转基因食品	73	0.406	高
	Reid (2007)[31]	媒介	134	0.403	低
	Peng (2005)[32]	冲突	140	0.363	中
	Jeon (2009)[33]	抽烟	291	0.306	中
	Schmitt, Gunther, & Liebhart (2004)[34]	转基因食品	72	0.290	高
	Ariyanto, Hornsey, & Gallois (2007)[35]	宗教	212	0.280	高
	Feldman (2008)[36]	杂项	251	0.264	高
	Coe et al. (2010)[37]	杂项	438	0.246	中
	Gunther & Christen (1999)[38]	杂项	237	0.239	低
	Choi, Yang, & Chang (2009)[39]	安全	185	0.220	中
	Huge & Glynn (2010)[40]	竞选	908	0.205	中
	Arpan & Raney (2003)[41]	体育	203	0.204	高
弱效果	Kinnally (2008)[42]	杂项	169	0.196	高
	Kim & Pasadeos (2007)[43]	流产	95	0.185	中
	D'Alessio (2005)[44]	杂项	132	0.180	中
	Gunther & Chia (2001)[5]	灵长类实验	285	0.145	低
	Dalton (1998)[45]	竞选	792	0.140	中
	Tsfati (2007)[46]	冲突	251	0.136	中
	Arpan, Bae, Chen, et al. (2009)[47]	媒介	464	0.134	低
	Gunther, Miller, & Liebhart (2009)[48]	转基因食品	152	0.027	中
	Yan et al. (2007)[49]	媒介	973	0.019	低
	均值			0.352	

五、结语

媒体故意效果理论自 1985 年问世以来,经过 35 年的发展,历经绝对媒体故意效果研究和相对媒体故意效果研究两个阶段,目前已成为西方新闻传播研究的重要内容之一,相关研究数量庞大,研究呈现渐进性、交叉性、综合性、应用性的特征。中国学界对媒体故意效应研究关注度较低,虽然近年来通过香港学界的引介,大陆学者已有所关注,但相对于西方学术界仍不够,主要表现为引介为主,本土化实证研究相对缺乏。媒体故意效应是传播效果的重要内容之一。关于媒体故意效应量,目前学界基本以美国学者的研究为依据,认为它是中等偏弱的效果。通过对研究文献的梳理,研究过程的重新计算和验证,本研究认为媒体故意效应是中等偏强的传播效果。同时,不同主题之间的媒体故意效应量差异巨大,因此需要针对不同的研究主题具体分析。

参考文献

[1] 周树华,阎岩. 媒体故意理论:媒体偏见的主观感知研究[J]. 传播与社会学刊,2012(22):187-212.
[2] 第五次中东战争,又称为"黎以战争""黎巴嫩战争"。1982 年 6 月 6 日,以色列空袭黎巴嫩,至同年 9 月 29 日以色列撤军。以色列以其驻英国大使被巴勒斯坦暗杀为借口,触动海陆空部队 10 万人,对黎巴嫩境内的叙利亚军队和巴勒斯坦解放组织大规模进攻。"黎巴嫩战争"是巴勒斯坦问题的延续。战争期间发生了震惊世界的"贝鲁特难民营大屠杀事件"。贝鲁特是黎巴嫩首都,黎以战争期间,以色列占领贝鲁特后,亲以的黎巴嫩基督教民兵组织在 9 月 16 日下午 6 时至 9 月 18 日上午 8 时对贝鲁特的难民营进行了惨无人道的疯狂屠杀。遇害者有男人、女人和儿童,包括巴勒斯坦人、黎巴嫩人、伊朗人、叙利亚人、巴基斯坦人和阿尔及利亚人。遇难人数说法不一。有人认为 762 人,有人认为多达 3 500 人。
[3] Malone L A. The Kahan Report, Ariel Sharon and the Sabra-Shatilla Massacres in Lebanon: Responsibility Under International Law for Massacres of Civilian Populations [J]. Social Science Electronic Publishing, 1985,1(1):373-433.
[4] Gunther A C, Christen C T, Liebhart J L, et al. Congenial public, contrary press, and biased estimates of the climate of opinion. [J]. Public Opinion Quarterly, 2001,65(3):295-320.
[5] Gunther A C, Chia C Y. Predicting Pluralistic Ignorance: The Hostile Media Perception and its Consequences [J]. Journalism & Mass Communication Quarterly, 2001,78(4):688-701.
[6] Gunther A C, Storey J D. The Influence of Presumed Influence [J]. Journal of Communication, 2010,53(2):199-215.
[7] 刘杉. 媒体故意效应的本土化解读:适用与拓展[J]. 文化学刊,2013(3):141-146.
[8] Veenstra A S, Lyons B A, Flannagan A D. Intraparty Hostility: Social Identity, Sub-Identity, and the Hostile Media Effect in a Contested Primary [J]. Journal of Political Marketing, 2017, 16(3-4):365-385.
[9] Linden W, Lamensdorf A M. Hostile affect and casual blood pressure [J]. Psychology & Health, 1990,4(4):343-349.
[10] Arlt D, Dalmus C, Metag J. Direct and Indirect Effects of Involvement on Hostile Media

Perceptions in the Context of the Refugee Crisis in Germany and Switzerland [J]. Mass Communication & Society, 2019,22(2):171-195.

[11] Perloff R M. A Three-Decade Retrospective on the Hostile Media Effect [J]. Mass Communication & Society, 2015,18(6):701-729.

[12] 台湾硕博论文知识加值系统网址为:https://ndltd.ncl.edu.tw/cgi-bin/gs32/gsweb.cgi/login?o=dwebmge。检索到的七篇文献分别是:沈柏均《社群媒体中的第三人与媒体故意效果研究——以公教年金改革议题懒人包为例》,硕士学位论文,台湾辅仁大学研究生院,2011年;许晋嘉《社群媒体影响警察干部变化管理关键因素之研究》,硕士学位论文,台湾地区"中央警察大学"研究生院,2019年;钟佩廷《认知失学理论如何影响脸书的同温层——以婚姻平权议题为例》,硕士学位论文,台湾淡江大学研究生院,2018年;曾钧钰《懒人包的资讯呈现形式对阅听众影响之研究——以"微塑胶对海洋之影响"为例》,硕士学位论文,台湾世新大学研究生院,2018年;江彦廷《非"黑"即"彩"？广告色调呈现与选民政党偏好对负面竞选广告效果之干扰》,硕士学位论文,台湾中山大学研究生院,2016年;林哲扬《台湾年轻选民投票行为之研究》,硕士学位论文,台湾淡江大学研究生院,2016年;徐士婷《网路懒人包之第三人效果与表达意愿——以多元成家议题为例》,硕士学位论文,台湾辅仁大学研究生院,2015年。

[13] 魏然.媒体故意效应:一位理论创建者的回顾与展望[J].传播与社会学刊,2016(38):1-36.

[14] 马萍.媒介故意效果:媒体偏见研究的新转向[J].兰州大学学报,2020,48(5):73-79.

[15] 美国学者卡茨将传播效果划分为三个阶段:第一个阶段为强效果阶段,时间从1935—1955年,这一时期的传播理论有"魔弹论""皮下注射论",认为大众媒介的威力巨大,传者到受者是单向传递。第二阶段是弱效果阶段,又称有限效果阶段,时间从1950—1960年,认为大众媒介不能轻易改变人们的意见、态度和行为,其效果是十分有限的。第三阶段是强效果阶段,从1960年至今。这一阶段既承认大众传播媒介的强大效果,也强调它并非万能。卡茨采用时间段的方式对传播效果发展阶段进行划分,虽然简单明了,但是割裂了各种理论之间的内在联系,也有一定的不足。

[16] 四阶段说由美国学者塞弗林和坦卡特于1981年在合理吸收卡茨提出的三阶段理论的基础上提出。四阶段说较好地呈现了传播效果研究的螺旋上升的循环特征,但没有以科学的数据为支撑,仅是原有学说的发展和修正。

[17] Hansen G J, Kim H. Is the Media Biased Against Me? A Meta-Analysis of the Hostile Media Effect Research [J]. Communication Research Reports, 2011,28(2):169-179.

[18] Gunther A C, Liebhart J L. Broad Reach or Biased Source? Decomposing the Hostile Media Effect [J]. Journal of Communication, 2006,56(3):449-466.

[19] Tsfati Y, Cohen J. Democratic Consequences of Hostile Media Perceptions: The Case of Gaza Settlers [J]. International Journal of Press/politics, 2005,10(4):28-51.

[20] Vallone R P, Ross L, Lepper M R. The hostile media phenomenon: biased perception and perceptions of media bias in coverage of the Beirut massacre [J]. Journal of Personality and Social Psychology, 1985,49(3):577-585.

[21] Chia S C, Yong S Y J, Wong Z W D, et al. Personal Bias or Government Bias? Testing the Hostile Media Effect in a Regulated Press System [J]. International Journal of Public Opinion Research, 2007,19(3):313-330.

[22] Hoffner C, Toohey R. The hostile media effect in the 2004 U.S. presidential election [C]// International Communication Association annual conference, May 24-28,2007,San Francisco, CA, USA:1-21.

[23] Christen C T, Kannaovakun P, Gunther A C. Hostile Media Perceptions: Partisan Assessments of Press and Public during the 1997 United Parcel Service Strike [J]. Political Communication, 2002,19(4):423-436.

[24] Mende A M. Testing the hostile media effect under selective exposure [C]//International Communication Association annual conference, 2008, Montreal, Canada, CA:1-21.

[25] Giner-Sorolla R, Chaiken S. The Causes of Hostile Media Judgments [J]. Journal of Experimental Social Psychology, 1994,30(2):165-180.

[26] Gunther A C. Biased press or biased public? Attitudes toward media coverage of social groups [J]. Public Opinion Quarterly, 1992,56(2):147-167.

[27] Matheson K, Dursun S. Social identity precursors to the hostile media phenomenon: partisan perceptions of coverage of the bosnian conflict [J]. Group Processes & Intergroup Relations, 2001,4(2):116-125.

[28] Choi J, Chang J. Exploring behavioral consequences of hostile media perception: Its impact on advocacy evaluation and strategies [C]//International Communication Association annual conference, May, 24-28,2007,San Francisco, CA, USA:1-26.

[29] Perloff R M. Ego-Involvement and the Third Person Effect of Televised News Coverage [J]. Communication Research, 1989,16(2):236-262.

[30] Gunther A C, Schmitt K. Mapping Boundaries of the Hostile Media Effect [J]. Journal of Communication, 2010,54(1):55-70.

[31] Reid S. A self-categorization explanation for the hostile media effect [C]//International Communication Association annual conference, May, 24-28,2007,San Francisco, CA, USA: 1-20.

[32] Peng Z. Ideology, source, news content, and perception of media bias and credibility: An empirical study on hostile media effect [D]. Columbia, Missouri: University of Missouri - Columbia, 2005:80.

[33] Jeon J. The influence of prior attitudes on perception bias and perceived message credibility: Online health information about smoking bans [D]. Lansing, Michigan: Michigan State University, 2009:80.

[34] Schmitt K M, Gunther A C, Liebhart J L. Why Partisans See Mass Media as Biased [J]. Communication Research, 2004,31(6):623-641.

[35] Ariyanto A, Hornsey M, Gallois C. Group allegiances and perceptions of media bias: Taking into account both the perceiver and the source [J]. Group Processes & Intergroup Relations, 2007,10(2):266-279.

[36] Feldman L. To opine or not to opine: The consequences of opinionated news for political information processing, attitudes, and knowledge [D]. Philadelphia, Pennsylvania: University of Pennsylvania, 2008:66.

[37] Coe K, Tewksbury D, Bond B J, et al. Hostile News: Partisan Use and Perceptions of Cable News Programming [J]. Journal of Communication, 2010,58(2):201-219.

[38] Gunther A C, Christen C T. Effects of News Slant and Base Rate Information on Perceived Public Opinion [J]. Journalism & Mass Communication Quarterly, 1999,76(2):277-292.

[39] Choi J, Yang M, Chang J J. Elaboration of the Hostile Media Phenomenon: The Roles of Involvement, Media Skepticism, Congruency of Perceived Media Influence, and Perceived

Opinion Climate [J]. Communication Research, 2009, 36(1): 54-75.

[40] Huge M, Glynn C J. Hostile Media and the Campaign Trail: Perceived Media Bias in the Race for Governor [J]. Journal of Communication, 2010, 60(1): 165-181.

[41] Arpan L M, Raney A A. An Experimental Investigation of News Source and the Hostile Media Effect [J]. Journalism & Mass Communication Quarterly, 2003, 80(2): 265-281.

[42] Kinnally W. Reactance and the hostile media effect: Placing the effect within the theory [D]. Tallahassee, Florida: Florida State University, 2008: 120.

[43] Kim K S, Pasadeos Y. How partisans read the news: Hostile media and credibility perceptions [J]. Newspaper Research Journal, 2007, 28(2): 99-106.

[44] D'Alessio D. An experimental examination of readers' perceptions of media bias [J]. Journalism & Mass Communication Quarterly, 2005, 80(2): 282-294.

[45] Dalton R J. Partisan cues and the media: Information flows in the 1992 presidential campaign [J]. American Political Science Review, 1998, 92(1): 111-126.

[46] Tsfati Y. Hostile media perceptions, presumed media influence, and minority alienation: The case of Arabs in Israel [J]. Journal of Communication, 2007, 57(1): 632-651.

[47] Arpan L, Bae B, Chen Y-S, et al. Does humor attenuate hostility? A comparison of hostile media perceptions of news and late-night comedy [C]//International Communication Association annual conference, Chicago, Illinois, US, 21-25 May, 2009: 1-37.

[48] Gunther A C, Miller N, Liebhart J. Assimilation and contrast in a test of the hostile media effect [J]. Communication Research, 2009, 36(6): 747-764.

[49] Yan L, Tay M, Yap P, et al. Personal involvement and perception of press credibility [C]//International Communication Association annual conference, San Francisco, CA, USA, May 24-28, 2007: 1-27.

智能传播赋能中国传媒高等教育新变革:重大挑战与再定位[①]

许志强[②] 谢沁凌[③]

【摘　要】 媒介形态的革新与聚变对中国传媒人才能力结构提出新的要求,并持续影响着中国传媒高等教育的理念、方向、规格、能力等。面对智能、传播和社会的互相重构,中国传媒高等教育要实现学科自身的融合发展,就需要尽快理顺新形式或新新环境下媒体生产的各种关系,不断推进理论体系和研究方法的创新。本文在深层次揭示智能传播的技术特质及其影响的基础上,不仅提出了中国传媒高等教育在智能传播时代面临的重大挑战,还从拥抱智能传播变革、融入智能传播时代等五个维度探讨了中国传媒高等教育的进阶路径,力求推动中国传媒高等教育的改革,为中国文化的全球传播贡献力量。

【关键词】 智能传播;传媒高等教育;媒体融合;数字素养;产教融合

大数据、人工智能(AI)、虚拟现实(VR)、增强现实(AR)、物联网、量子通信等技术和设施,正在加速改造传统媒体与新媒体之间的聚合,不仅影响着中国传媒产业的生产、传播、消费、产品、模式和生态,还形成了人人皆媒、万物亦媒、媒介泛在的趋势,开启一个全新的传播范式——智能传播。作为媒介形态与传媒业态嬗变的一种应然状态,中国传媒产业不仅呼唤着中国传媒高等教育尽快适应媒介市场的快速变化,而且期待着通过传媒教育与研究去规范引领传媒业态发展[1]。

一、智能传播的技术特质及其影响

随着技术更新迭代与传媒业持续变革,AI将重组生产端,5G将统一传输平台,VR将颠覆接收端,使得智能传播的形态将变得极简(如移动、轻便、随处、无形等),而"内容"将变得极繁(如功能、场景、体验等)。因此,研究智能传播的技术特质及其影响,已成为当下中国传媒高等教育变革的重要逻辑起点。智能传播技术的综合运用如图1所示。

[①] 本文系国家社科基金重大项目"系统规划设计'一带一路'互联互通研究"(18VDL001)阶段性成果。
[②] 成都大学中国-东盟艺术学院影视与动画学院教授。
[③] 四川传媒学院学生。

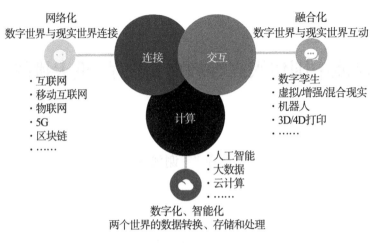

图1 智能传播技术的综合运用

1. 智能交互化

智能交互化是智能传播最重要的技术特质。一方面,智能交互可实现信息生产、消费、传播与接收的主体身份实时切换且互动;另一方面,可让信息从人与人之间的传播扩大到人机协作的更大范围,比如生物识别[2](如指纹、脸象等)、计算机视觉[3](如人脸识别、情感分析等)、情感计算[4]、算法推荐[5]等,并由此产生了很多相应的关键技术,如多模感知、上下文感知、情感智能、环境智能等。而从移动互联到万物智联的价值重构,或将让更多样化的内容与多元化的"节点"融入网络。未来,智能传播将越来越回归自然,也就是越来越人性化,人与机器的"和谐共处"将引领"人机新世代"。

2. 内容个性化

内容个性化是一种根据用户兴趣和动机提供相关内容的策略,它根据用户的地理或行业特定细分信息,提供从具有高度针对性的 calls-to-action 到回旋 landing page(登录页)的策略。智能传播时代,每位用户都会成为媒体传播的动态节点,成为传播中心与传播的基础设施、"内容—关系—服务"的连接点与资源链接的单元。千人千面的个性化场景与服务可作用在包括传媒产业在内的各行各业,传媒机构可通过技术支持实时获得用户的"节点化"数据,并及时为他们提供定制化服务,使内容由"大海捞针"转入"私人定制"。未来,智能传播可通过算法推荐实现媒介内容的精准推送、高度个性化和定制化的特点,让昔日的个性化服务得到更好的延伸和更大的价值。

3. 形态多元化

媒介形态多元是同一内容通过不同形态包装成适合不同媒介传播的产品,提供了转换事物新知觉和新视野的途径。而不同形态的媒介之间相互支撑、宣传和反馈,可起到正向循环的促进作用。过去,传统媒体的传播形态主要集中于图文或音视频,形式较为单一;如今,基于智能技术,传统媒体几乎已涉足所有的基于不同媒介、不同终端、不同应用平台的新媒体种类。此外,在更多、更优质的图文与音视频深度渗透的同时,还可呈现包括全息影像、360全景视频、裸眼3D、VR/AR等在内的诸多沉浸式媒体。伴随着用户的媒体使用习惯和共性被打破,媒介产品的相互嵌入,媒介形态或将更多元化、个性化与小众化,并向特定场景的个体提供"内容+社交+基于同一场景"的关联服务。

4. 时空虚拟化

时空虚拟化将打破原有海量内容呈现在时间、地域、速度等的极限与限制,加快现实世界(物质世界)和虚拟世界(数字世界)的相互渗透与融合,促进社会从"社会性"的社会演变为"流动性"的社会[6]。智能传播带来的媒介"内爆",使得媒体生产逻辑从"时间连接""空间连接"向"关系链接"转变[7],塑造着全面交互、浸入、共享、体验的虚拟现实。未来,在因媒介而虚拟化的时空中,人类的生存方式与社会的"操作系统"或将发生持续变革,并将进一步带来基于社交网络的分布式信息生产与消费及情感、关系与信息、意见的交融与混合式全网传播。

二、中国传媒高等教育面临的重大挑战

常有人说,教育是用过去的知识,教现在的学生,去应对未来的世界。在技术飞速变革的当下,这成为教育改革必须应对的一个根本问题。美国学者克劳迪娅·戈尔丁(Claudia Goldin)和拉里·卡茨(Larry Katz)曾提出教育与技术赛跑的理论:教育只有跟上技术发展的变化才能让大部分劳动力得到技能训练,由此社会才能发展经济、繁盛昌荣;反之则经济放缓,贫富差距增大,社会问题激增[8]。智能传播时代,无论是智能技术带来的信息采集力、加工力与分发力的增强,还是开放式传播结构带来的用户信息解码偏差与全面"数据化",均会挑战现有传媒伦理规范、颠覆现有的传媒理论体系,这自然要求中国传媒教育者积极应对技术变革,从不同维度深刻洞察传媒产业的当下及未来。教育与技术的赛跑如图2所示。

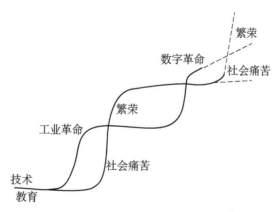

图2 教育与技术的赛跑

1. 增强从"人"到"物"的智能采集力

在当代数字社会中,得注意力者得天下[9]。智能传播时代,基于移动终端、传感器、社

交媒体、大数据、定位系统提供的应用技术可轻松地探测或描述人的空间位置、心理反应与内容需求等[10],要求传媒人才在收集、整理和归纳用户通用属性和特征属性的基础上,更好地洞察用户在特定场景下的行为和需求,并为其推荐所需的数字化、图像化、碎片化等内容服务。为此,智能化将借力高速网络、数据中心(如感知、汇聚、挖掘、决策、控制等)和智能感应能力协同构建全新的运营体系,要求传媒人才可通过虚拟现实和增强现实,实现多面描摹人与社会;可通过"物力"增强"人力",实现信息采集边界扩张;可通过信息传播的可视化追踪,实现个性化、极简化、极致化与智能匹配的"内容找人",比如多屏互动、体感识别、无人驾驶、实时交通等,彻底解放人类众多体力劳动。

2. 增强从图文到音视频的智能加工力

从全媒体到融媒体再到智媒体,尽管"内容为王"一度被奉为行业圭臬,但优质内容的变现转换却已成为瓶颈。实际上,不仅仅是内容本身出了问题,内容的使用也同样出了问题。智能传播时代,内容生产逐步趋向分布式、协同化的新模式,如云端系统支持的协同生产、区块链模式的协同生产与分发、"人力+物力"的协同生产等[11],在一定程度上推动着传媒产业向着智能化、精准化、场景化的方向发展。为此,基于个体交互与个性化服务的内容加工工具如雨后春笋涌出,如"无人机新闻报道"[12]"场景化新闻"[13]"个性化新闻"[14]和"机器新闻"[15]等,要求传媒人才可通过智能传感器直接采集海量数据信息,并通过即时编辑处理形成新的协同生产和传播的流程;要求传媒产业从劳动密集型加工向智能增强型加工发展,如分析力、预测力、提炼力等;要求智能化加工催生新文本域新优化模式,如强背景文本、强证据文本、交互式文本、进行式文本、增值性延伸等。

3. 加强多维坐标关联的智能分发力

当下的互联网是信息连接与虚拟连接,物联网是物物连接、设备与终端连接,而未来的泛在网(Ubiquitous Networking)或将以无所不在、无所不包、无所不能为基本特征,通过各类网络(互联网、移动互联网、广电网、专网以及各类融合网络等)的泛在互联(大量的设备、多样性的电信技术、定位和感知系统、位置感知或上下文感知的应用等),实现"人—机器—环境系统"之间按需服务的信息多维坐标关联。为此,智能分发将成为当仁不让的信息入口的控制者,弱化媒体中心地位,使得信息"节点化"与信息源媒体化,并使得基于大数据、云计算的智能分发技术成为决胜未来内容分发战场的关键点。

4. 开放式的传播结构,导致对信息传播的主导权削弱

随着 Web 2.0、Web 3.0 的产生与发展,传统的媒体组织越来越"失控"[16]。智能传播时代,大量优质的UGC(用户原创内容)内容制作者层出不穷,引发媒体内容从"PGC"(专家或媒体生产内容)向"UGC+PUGC+PGC+AGC"(用户原创内容+专业用户生产内容或专家生产内容+专家或媒体生产内容+自动生成内容)共融的生态方向重构,使得信息从以往的由少数人(机构)主导、控制的生产、流动与接受,走向全民参与的信息生产、流动与接受的"虚拟世界",这为用户提供了与传媒人才几乎同等的接触、理解、发布、传播与处理信息的"无所不在的权力"。为此,传媒人才对信息传播的主导权、控制权遭到削弱,打破了过去"舆论一律"的格局。在进行内容处理时,需要综合考虑信息的客观性、真实性、时效

性、差异化,使得媒体信息"把关"的难度加大。

5. 用户信息解码偏差,导致"单向度的人"形成

技术是一把双刃剑,一方面让用户具有充分的选择权和话语权,并带给用户更多感兴趣的内容,另一方面由于机器尚存在诸多漏洞,随心所欲的自由权利让用户变成了"信息茧房"下的"单向度的人"[17],对现实世界的感知与判断能力下降,用户信息解码产生失误与偏差,从而更加盲从和躁动[18]。此外,人工智能也可能会误判并盲目迎合用户对感官刺激和低级趣味的喜好,生产出大量"垃圾快餐"般的内容,加剧泛娱乐化现象和媚俗之风。为此,传媒人才在享受"智能+"技术带来便利的同时,也要警惕技术崇拜陷阱和潜在威胁,应在灵活运用多种技术手段的基础上,破除"信息茧房"桎梏,提升对信息的分辨、遴选、推送等舆论引导,实现动态把关,帮助用户进行信息内容解码并减小信息传播的偏向。

6. 全面"数据化",导致侵权问题丛生

智能传播时代,用户的一切数字化行为都被记录,让用户所有的"身家信息"都变为了可读取、采用与保存的"数据",如学习和工作经历、财务记录、约会历史、旅行信息、健康信息、地理位置和购物历史等。此外,运营商技术理论的不成熟,也会导致用户数据被黑客获取并不法利用,危及用户的人身财产安全。而现行法律中关于隐私权的界定及原则难以适用于智能传播,智能传播在获取及处理信息的过程中稍有不当,就可能产生牵涉隐私问题的巨大争议[19]。为此,传媒人才应意识到数据隐私的重要性,应通过数字素养教育与媒介传播法治教育,未雨绸缪,研究如何建立安全可信的用户管理系统及完整的应急预案,在法律框架和自治规范的原则下实现个人信息保护与新媒体传播权的平衡。

三、中国传媒高等教育亟待"再定位"

中国学者廖祥忠不仅认为技术融合、人人融合、媒介与社会融合是媒体融合的本质,而且从全景式描绘的视角指出,媒体融合可划分为三个阶段,即媒体融合期、融合媒体期与智能媒体期[20]。智能传播时代,中国传媒高等教育应"顺势而为",在做好"继承与发展"的基础上推进"转型与创新",把握好守正创新中"定"与"变"的辩证关系,不断推进理论体系的创新和研究方法的创新。新旧媒体此消彼长和相互渗透的融合过程,如图3所示。

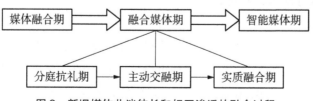

图3 新旧媒体此消彼长和相互渗透的融合过程

1. 互联网时代与智能传播时代数字内容的地位比较

智能传播时代,数字内容的特征、形态与地位已发生诸多改变,使得传媒人才培养的产品线和供应链都发生了改变,传统传媒高等教育的体制机制、培养目标、培养模式、教学评估、考评体系、教材编写及教学方式已很难适应当下要求。互联网时代与智媒时代数字内容的地位比较,如表1所示。

表1 互联网时代与智能传播时代数字内容的地位比较

时代		具体时段	主要特征	主要形态	数字内容的地位
互联网时代	早期互联网时代	1969—1989年(20年)1969年ARPANET诞生	信息单向、单点传播,开启"人—网"连接	广播、电视新闻、单机游戏等	数字内容无力与传统信息传播业竞争 传统信息行业(包括电信、电视、新闻、出版、广告等)占主导地位
	PC互联网时代	1990—2009年(19年)1989年WWW的诞生	信息单向、多点传播,信息获取渠道拓宽,开启"人—网络—人"连接	以PC端为主的门户新闻、PC游戏等	数字内容提高了传统行业效率,与传统信息传播业分庭抗礼
	移动互联网时代	2010年至今	信息多向、多点传播,互联网成为平台,开启"人—平台—人"连接	基于移动端的移动新闻、手机游戏、移动音/视频、问答社区、社交应用等	数字内容占绝对统治地位,2009年,数字出版产值第一次超过了传统出版,美国标杆传统期刊 Reader's Digest(《读者文摘》)破产
智能传播时代	智媒时代	2017年至今	信息多向、多点、多屏、实时传播,开启万物互联,开启"跨界融合、人机共生"	智能互联、云+屏幕、人机协同、交互式反馈、万物皆媒下的短视频、AI直播、机器新闻等	"智能+"技术集群正重塑数字内容的渠道、生产、连接与消费,使人们迈入了一个视觉、听觉、触觉、心理、生理等全方位、感官体验全景化延伸的"万物皆媒"世界

2. 卓越传媒人才能力素养新需求

2018年教育部印发《关于加快建设高水平本科教育全面提高人才培养能力的意见》,实施"六卓越一拔尖"计划2.0,对传媒人才培养提出了明确要求。为分析智能传播时代卓越传媒人才需要具备的能力素养,本文将课程再设计中心(CCR)的21世纪教育目标作为参考框架(其将教育目标分为知识、技能、品格、元学习四个维度,如图4所示),并在框架的四个维度上构建三类卓越传媒人才能力素养标准,采用教育目标分类中的内容进行填充,形成了表2。

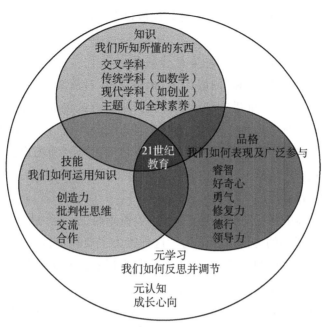

图4 21世纪教育目标图[21]

表2 传媒卓越人才培养目标[22]

	媒体融合期	融合媒体期	智能媒体期
知识	理解、记忆	应用、分析	评价、创造（创新与跨界）
技能	模仿、同化	生成、外化	精熟、综合（分工与组织）
品格	接受、适应	形成价值观念	信奉、个性（道德与规范）
元学习	被动学习	主动学习	建构学习、交互学习（技术与智慧）

3. 中国传媒高等教育"融合"场景的重构

1）拥抱智能传播变革，深化和拓展对人工智能的认知

当下，中国媒体融合发展中尚存在诸多"认识误区"，传媒机构人才配置尚不能适应媒体融合发展需要，这严重制约了中国媒体融合发展的进程。中国传媒高等教育应在行业领域进一步解放思想，摒弃对人工智能的认识误区，贯彻"导向为魂、内容为王、创新为要、关键在人、重在管理"的融合方法论，建设一支具有知识力、建构力和塑造力的智媒教学人才队伍，全面推动媒体融合向纵深发展。一是中国传媒高等教育在媒体融合发展进程中务必坚持好"五大发展理念"，即创新、协调、绿色、开放、共享；二是中国传媒高等教育应有针对性地、分层次地以案例分享、产品设计竞赛、讨论互动、网络化知识体系等培训方式，让传媒人才在激烈的媒体竞争中快速成长，逐步形成全媒体模拟记者团队（分工明确、强调配合、突出协作）；三是支持和鼓励中国传媒高等教育采用"产教融合""订单式""N+1培养""学用交替""跨媒体工作坊""实训—科研—就业""走出去，请进来"等跨界培养模式或办法，以

校企合作、协调创新、能力导向为路径的思路,让传媒人才通过具体实践深化和拓展对人工智能的认知。

2) 融入智能传播时代,提高智媒内容运营能力

智能传播时代,"渠道为王"和"内容为王"相得益彰,自然要求中国传媒高等教育强化传媒人才的互联网基因培育,推进"互联网+内容"生产方式创新。在具体操作层面,可充分利用"智能+"技术发挥互联网传播潜能,打造场景化新闻、机器新闻、传感器新闻、众筹新闻和众智新闻等。同时,基于"互联网+"媒介平台向生产者和用户尝试提供内容的"无极缩放"(如高、精、快、深、广等),实现内容的重组、重构、创意和创新,并逐步将其从战术操作层面向战略运营层面提升。

(1) 提高新型内容策划与生产能力。新型内容策划与生产能力是指传媒人才对内容信息资源进行突破传统思维的方法创新能力。这种能力主要包括以下三个层次:第一,传媒人才在表达人民群众心声的过程中,特别需要有与大局意识相关联的、见微知著的敏锐性和洞察力;第二,传媒人才在策划与生产内容时,应从多角度、多维度、多侧面、多层次捕捉创造性想象和创造性思维;第三,传媒人才要善于把以前纯粹的内容生产转变为用户、入口、变现等问题,以形成独具特色的策划风格与传播特征[23]。

(2) 提高智媒技术(工具)的运用与创新能力。智能技术(工具)的运用与创新能力是指传媒人才使用与信息传播有关的"智能+"技术与工具的能力。随着媒体融合向纵深发展,中国中央和地方主流媒体必将建设集智能创作、智能加工、智能运营、智能推荐、智能审核"五智"于一体的人工智能集成服务平台,这就要求激活传媒人才运用"上云""用数""赋智"等全媒体手段进行采编工作的能量,使其成为同时熟练掌握一两门报道技术(AR、VR、AI、无人机航拍等),并熟悉其他报道手段,具有很强的团队合作精神和媒介融合意识的全媒体记者、全媒体编辑。例如,随着具备高速率、零延时、超大链接等特征的5G技术的应用与普及,将进一步推动物联网、云计算、大数据的发展,促进混合现实(MR)、人工智能、区块链等新兴科技与传媒产业的进一步融合运用。

(3) 提升数据分析处理能力及用户需求洞察力。数据分析处理能力及用户需求洞察力是指传媒人才通过"智能+"技术获取用户数据并不断更新用户画像,然后根据用户行为精准预判用户的内容需求[24]。这种能力主要包括以下三个层次:第一,用户行为数据采集。当下,数据来源已不再局限于移动互联网,还包括摄像头、无人机等采集设备,这些数据将极大地拓展传媒人才获取、加工、选择内容信息的能力;第二,用户行为数据挖掘与处理。美国管理学者埃德加·A.佩斯米尔(Edgan A. Pessemier)认为"新产品开发策略是一种发现确凿的新产品市场机会并能最有效地利用企业资源的指南",按此逻辑,任何媒介内容或形态的研发都应根据用户数据来开发,而非开发自己认为好的;第三,对用户个性化需求的判断。智能传播时代,内容消费的动因不再是生活所需,而是上升到了品质、审美,这就要求内容产品要极大地满足用户的个性化需求,实现从精英媒体向精准媒体转变,从而"促使信息生产传播用户化"。

(4) 提升文理工等多学科交叉的理论视野与内容价值判断能力。文理工等多学科交叉

的理论视野与新闻价值判断能力是指传媒人才应具备多元化的知识结构,同时具备对内容价值与提供时机研判的能力。这种能力主要包括以下两个层次:第一,传媒人才具备文理工等多学科交叉的理论视野。随着媒体融合向纵深发展,传媒业对跨专业人才需求剧增,尤其是跨文、理、工科的知识背景,例如,新闻专业与计算机、信息技术、统计学、社会学等专业的"跨界"人才最受欢迎;第二,对内容价值的判断能力。尽管人工智能在传媒领域已取得了较大的进步,如可预设词汇、语义等,但其仍无法对内容生产进行主观思考与评价,这就要求传媒人才具备准确鉴别信息是否真实、全面、客观、准确地反映了事件全貌的能力。

3) 普及新闻伦理,提高舆情引导与应对能力

智能传播一方面为用户带来了便捷化的信息消费,另一方面也为社会生活方式和人际交往规范的解构和重组带来了新的伦理道德问题。事实上,资讯泛滥带来劣币驱逐良币,已在用户侧产生了痛点,未来媒体产业将再次开启生产力扩容后的能力洗牌,优质内容的回归将是内容产业的一大优势[25]。但优质内容不是抽象的,其仍需要一定的"技术标准",可从准确、共振、独家、有力、匹配等多个维度着手考虑构建。同时,还需要注意到目前的数据"质量"良莠不齐,因为一旦传媒人才收集到的是"被污染"的"假数据",那么产生错误报道的可能性就大大增加,使内容报道的真实性变得扑朔迷离,从而形成人与人之间"狼来了"的关系,使得命运共同体的"善"成为空中楼阁。基于此,中国传媒高等教育应着力将高层次的政治理论及思想有机融入传媒人才培养中,解决因人工智能技术产生的新伦理问题,杜绝新闻报道在政治、事实和技术上的任何差错。

4) 拓展课程内涵,提高数字素养教育

数字素养教育,主要指以追求数字素养提升为最终目的的教育,要求传媒人才通过对数字素养的学习、认知从而具备对媒介信息的独立思考与批判能力[26]。实际上,无论我们身在何处,我们都摆脱不了数字媒介,这就如同我们无法摆脱天气一般。唯有通过数字素养教育,才能使传媒人才具备对媒介影响的诸多因素进行分析、研究和解读的能力,以及控制其信念和行为的能力,从而达到正确使用媒介和抵御媒介不良影响的能力,这就像人类通过长期的生活经验学会了在面对各种天气情况时如何躲雨、避风和拥抱阳光一样。数字素养教育,开启了智能传播时代传媒人才基本素养构成的重新认知,对传媒人才在接触、辨识、解读、使用信息时所表现出来的素质和修养提出了更高的要求。而数字素养教育最直接的方式是提高新闻伦理与社会责任意识,回顾、反思信息传播中的瑕疵、失误甚至失实,认真吸取教训、完善工作流程,从而维护媒体公信力。基于此,中国传媒高等教育应拓展课程内涵,发挥数字素养教育在纠正技术偏差中的作用,以此帮助传媒人才提升信息的批判意识及对负面信息的免疫能力,掌握并懂得合理运用媒介完善自我、服务自我,间接培养用户的媒介识读能力。

5) 深化产教融合,加强协同育人

中国的产教融合经历了从高校主体推动到高校、行业企业双主体推动,再到政府主导、行业企业学校多维推动的过程,国家已从顶层设计上把"产教融合"列在了战略发展层面,并建设试点了"产教融合"型城市、"产教融合"型行业、"产教融合"型企业等。中国传媒高

等教育的产教融合是智能传播时代创新型传媒人才培养的重要手段,是深化产教融合、加强协同育人服务地方经济社会发展的重要途径,是解决人才培养过程中教学内容长期与社会需求脱节问题,增强创新型传媒人才培养的途径与方法。为此,中国传媒高等教育应立足"全媒型"人才培养高度,瞄准产业、立足融合、分类探索、强化应用,深化人才培养模式改革,将产教融入传媒人才培养全过程;此外,应直面传媒产业智能化发展,通过坚守中国传媒高等教育底线、强化中国传媒高等教育特色、建构复合知识理论体系、对接传媒产业全链流程、突破传媒业态发展等手段,构建产教融合协同育人创新机制。

四、结束语

智能传播不仅催生了新的媒介形态、媒介功能,形成了新的智能化传播生态环境,而且使媒介价值实现了从"内容"到"关系"再到"服务"的让渡,作为一种应然状态,中国传媒高等教育应尽快理顺新形式或新环境下媒体生产的各种关系。本文在深层次揭示智能传播的技术特质及其影响的基础上,提出了中国传媒高等教育应在智能传播技术赋能传媒产业创新发展的大背景下顺势而为,通过拥抱智能传播变革、融入智能传播时代、普及新闻伦理、拓展课程内涵、深化产教融合等方式方法,对中国传媒高等教育进行重新定位,如此方能培养出具备"创新型""复合型""全流程""跨媒体"、家国情怀和全球视野等特质的卓越传媒人才。

参考文献

[1] 廖祥忠. 未来传媒:我们的思考与教育的责任[J]. 现代传播(中国传媒大学学报),2019,41(03):1-7.

[2] Kuzu R S, Salah A A. Chat biometrics [J]. IET Biometrics,2018,7(5):454-466.

[3] Peng Y. Same candidates, different faces: Uncovering media bias in visual portrayals of presidential candidates with computer vision [J]. Journal of Communication,2018,68(5):920-941.

[4] Alam M, Abid F, Guangpei C, et al. Social media sentiment analysis through parallel dilated convolutional neural network for smart city applications [J]. Computer Communications,2020(154):129-137.

[5] Shu J, Shen X, Liu H, et al. A content-based recommendation algorithm for learning resources [J]. Multimedia Systems,2018,24(2):163-173.

[6] Urry J. Sociology beyond societies: Mobilities for the twenty-first century [M]. London:Routledge,2012.

[7] 周勇等. 由"时间"向"空间"的转向:技术视野下中国电视传播逻辑的嬗变[J]. 国际新闻界,2016,38(11):144-160.

[8] Goldin C D, Katz L F. The race between education and technology [M]. Cambridge, MA, US:Harvard University Press,2009.

[9] Webb A. 2018 Tech Trends for Journalism and Media [EB/OL]. [2022-03-30]. https://

futuretodayinstitute.com/2018-tech-trends-for-journalism-and-media/.

[10] Scoble R, Israel S. Age of context: Mobile, sensors, data and the future of privacy [M]. Charleston, SC: Create Space Independent Publishing Platform, 2013.

[11] Chen Q, Srivastava G, Parizi R M, et al. An incentive-aware blockchain-based solution for internet of fake media things [J]. Information Processing & Management, 2020, 57(6): 102370.

[12] Culver K B. From battlefield to newsroom: Ethical implications of drone technology in journalism [J]. Journal of mass media ethics, 2014, 29(1): 52-64.

[13] McCausland T. News and Analysis of the Global Innovation Scene [J]. Research-Technology Management, 2020, 64(1): 2-10.

[14] Ye B K, Tu Y J T, Liang T P. A hybrid system for personalized content recommendation [J]. Journal of Electronic Commerce Research, 2019, 20(2): 91-104.

[15] Barbera P, Boydstun A E, Linn S, et al. Automated text classification of news articles: A practical guide. Political Analysis, 2021, 29(1): 19-42.

[16] 许志强, 李海东. "互联网+"环境下数字媒体融合及发展路径探索[J]. 科技出版, 2015(22): 20-23.

[17] Sude D J, Knobloch-Westerwick S, Robinson M J, et al. "Pick and choose" opinion climate: How browsing of political messages shapes public opinion perceptions and attitudes [J]. Communication Monographs, 2019, 86(4): 457-478.

[18] 余秀才. 全媒体时代的新媒介素养教育[J]. 现代传播: 中国传媒大学学报, 2012(2): 116-119.

[19] Adams P C. Agreeing to Surveillance: Digital News Privacy Policies [J]. Journalism & Mass Communication Quarterly, 2020, 97(4): 868-889.

[20] 廖祥忠. 从媒体融合到融合媒体:电视人的抉择与进路[J]. 现代传播(中国传媒大学学报), 2020(01): 1-7.

[21] 菲德尔, 徐海英, 盛群力. 为21世纪再设计课程——四维教育白皮书[J]. 数字教育, 2017(2): 1-4.

[22] 姚争, 冯建超. 教育场景重构与传媒卓越人才培养[J]. 现代传播(中国传媒大学学报), 2020, 42(02): 155-160.

[23] 袁媛. 智能媒体时代新闻编辑的新媒介素养研究[J]. 编辑学刊, 2018(5): 115-120.

[24] 许志强, 许瑾域. 基于大数据的用户画像构建及用户体验优化策略[J]. 中国出版, 2019(6): 52-56.

[25] Mohammed M, Sha'aban A, Jatau A I, et al. Assessment of COVID-19 Information Overload Among the General Public [J]. Journal of racial and ethnic health disparities, 2022(9): 184-192.

[26] Nikou S, Aavakare M. An assessment of the interplay between literacy and digital Technology in Higher Education [J]. Education and Information Technologies, 2021(26): 3893-3915.

新闻媒介与国际信任

谢金文 杜 畅

【摘 要】 新闻媒介对国际信任的主体、对象和环境都有很大影响,新闻媒介本身的可信度、公信力,不仅关系到传播的有效性,还影响到人们对有关传者及其管理控制机构乃至有关国家的信任。国际传播要增进人类意识,弘扬共同价值;增强信实感,提高国际公信力,破除"媒体故意"魔咒;还要调动全民力量,开展数字公共外交,同时对移动传播趋利避害。

【关键词】 新闻媒介;社会信任;国际传播;国际信任

信任是人际关系的重要基础,也是国际关系的重要基础,堪称国际社会的黏合剂。国际信任又是很难建立且很容易失去的稀缺、易碎品,缺乏国际信任会带来巨大的成本乃至灾难。价值观差异、过左和过右,是造成国际信任缺失的根本问题,其中也有传播媒介因素。缺乏透明度、友善度,更有传播媒介的责任。新闻媒介本身的可信度、公信力,则不仅关系到传播的有效性,还影响到人们对有关传者及其管理控制机构乃至有关国家的信任。国际传播要增进人类意识,弘扬共同价值;增强信实感,提高国际公信力,破除"媒体故意"魔咒;调动民间力量,淡化官方色彩,开展数字公共外交,同时对移动传播趋利避害。

一、国际信任的影响因素与新闻媒介

1. 国际信任的四种影响因素

信任的影响因素有信任者、信任对象、信任环境和新闻媒介,对国际信任的影响因素也可从这四个方面来考察。

国际信任的信任者和信任对象包括个人、组织和机构、国家和地区,其往往差异较大,相互了解较少。

---

① 本文系作者谢金文主持的国家社会科学基金重大项目"媒介体制与社会信任研究"的成果之一,项目批准号:19ZDA326。
② 上海交通大学媒体与传播学院教授、博导。
③ 四川宜宾学院讲师。

信任者是社会信任的主体，他们对信任对象的认同度、友善度、偏见和敌意程度，都直接影响到信任的质量和程度。

不同身份、经历和环境中的信任者，对同样的人和事物会有很不同的信任。与信任对象的差异越大，对信任对象了解越少，就越不容易信任。

同时，社会信任往往受到个别人（尤其是公众人物）和事的影响，如"一粒老鼠屎，坏了一锅汤"的现象。信任者与信任对象之间的差异越大，相互的了解越少，就越容易受到过度的影响。

从信任对象来看，其被信任的程度主要取决于其值得信任的程度，包括品质（往往表现为美誉度）、友善度、透明度（有关信息的质和量）。与信任者的差异越大，相互越不了解，就越容易产生误解，越需要提高透明度。

国际政治经济大格局是最直接的国际环境。在以美苏为首的两大阵营尖锐对峙的冷战时期，许多国家之间的信任降至冰点，世界大战一触即发。此后的世界政治多极化、经济一体化，给国际信任的建立带来了新的需要和可能。然而曾经四分五裂的国际社会至今仍有许多裂痕，有的还在扩大。国际环境中的文化和意识形态因素则是根本性和长远性的。其中，有的是根本不同，有的是程度问题。

新闻媒介也是影响社会信任的四种因素之一，不仅可影响上述三种因素，其本身的状况也直接影响社会信任。

新闻媒介通过其信息传递、意见交流、舆论引导和舆论监督，既直接影响信任者对信任对象的了解、理解，从而影响信任的质量和程度，又影响信任对象和社会环境，使对象趋向于或背离于值得信任，使环境有利于或不利于建立信任关系。然而成也萧何、败也萧何。新闻媒介延伸了人，也限制了人，会使人的主观世界脱离客观世界，成为媒介世界的反映，会以片面扭曲的视角看待世界，产生错觉、误解和敌视。新闻媒介的虚假、误导、欺骗，更使社会信任受到直接伤害。我们看到，新闻媒介通过瞒和骗，至多只能带来短期、盲目的信任，而当人们发现了真相，这样的信任会转变为更大的不信任，包括对媒体本身的不信任。

同时，"媒介即讯息"，新闻媒介本身也对社会信任产生影响。新闻媒介的主办主管机构会有自己的利益和需求，以此影响其传播内容的选择和处理，其公信力会有先天不足，需要后天进行调理。新闻媒介的质量，尤其是真实、全面、客观、公正程度，决定了人们对媒介的信任度，进而影响对媒介机构及其主办、主管方的信任度。作为社会系统的组成部分，新闻媒介的公信力还影响人们对社会系统的信任，尤其是国有新闻媒介的公信力。在国际上，则影响到对有关国家的信任。

在国际信任方面，新闻媒介的影响还有其特殊问题。

其一，信任者接触本国媒介较多，受其影响较大，而本国媒介的传者对他国的了解较为有限，加之本国利益和意识形态的考量，于是在反映他国情况时，其真实全面客观公正程度会降低，对利益和文化冲突较大的国家更是如此。这就会妨碍信任者建立起了解、理解他国基础上的信任。况且在国际传播中，各国的官方媒体都为自己的宣传需要进行传播，不仅很难完全真实全面客观公正，还会故意制造偏见和敌意。

许多国家，尤其是在全球信息和媒介竞争中基本处于守势的第三世界国家，不想让异质文化过多地进入而消解、同化本国的文化，并要阻止对本国不利的媒介宣传，也会在监管和接受心理上防范和排斥境外传播。

其二，许多人有"非我族类、其心必异"的潜意识，甚至显意识。而在敌意者或被认为是敌意者的媒介上，即使是真实全面客观公正的内容，也会被认为是编造出来的宣传，起不到应有的沟通作用，形成"媒体敌意效应"[1]。

2. 文化差异的影响与新闻媒介

在缺乏国际信任的原因中，文化差异、冲突是根本性的，即美国学者亨廷顿所谓的文明的冲突。最深层的是其中的信仰和价值观的矛盾冲突，以至形成很大的偏见和敌意。信任者、信任对象、社会环境和新闻媒介都深受其影响。

全球化虽然消解经济壁垒，却对政治和意识形态壁垒并没有多少直接影响，有关的差异，尤其是价值观差异，仍严重妨碍着国际信任，进而阻碍全球化进程。

2020年7月14日，美国总统特朗普在白宫的一场演讲中说：我们说服了很多国家，不要使用华为，因为我们认为华为是一个巨大的安全风险。

就经济而言，华为公司的业务对美国也是有利的，所以才有许多与美国企业的合作，特朗普要与很多国家联手防范的，显然是指大得多的风险，说到底，就是对中国不信任，认为中国的发展对他们是一种威胁。

文化冲突是对地球村的破坏，是人类命运共同体的离散因素。古人的文化冲突用的射程只有几十米远的弓箭，今后的冲突会用射程为几十、几百、几千千米的导弹、原子弹，杀伤力堪比文化、文明的粉碎机[2]。

历史背景和社会制度不同的国家，必然会有不同的文化和价值观，即使是欧美之间，也并非完全相同。然而同时，文化又是可以传播交流、互鉴交融的，不同的国家也会有相同或相似的价值观，即使是中国与西方之间也是如此，如中国古已有之的和、爱、忍（peace, love and toleration）等理念，近现代以来追求的民主、自由、文明、法治，都与西方相通。因而既需要求同存异，又需要聚同化异。

这方面仍有许多障碍。2020年6月19日，美国国务卿蓬佩奥从美国加州连线参加"哥本哈根民主峰会"，赞扬"资本主义民主"，指责中国的"人权、自由"等，呼吁欧洲国家捍卫民主，应对"中国挑战"。这显然是在把差异推向冲突。

在当今世界，化解文化差异和冲突的成本最低、成效最高的办法，是发挥新闻媒介的交流沟通作用。中国在国际上倡导建设和谐世界、人类命运共同体，既有利于国际互信，也有利于中国的国家形象和获得国际信任。克服障碍，实现求同存异、聚同化异，需要交流、沟通，增进相互理解和信任，传播媒介至关重要，中国新闻媒介更是责无旁贷。

意识形态问题也表现为左和右的问题，其中既有极左和极右的不同，也有偏左和偏右的差异。在世界上，左是更强调平等，更需要政府干预社会，乃至主张社会主义。在贫困者较多的宝塔型社会中，大多数人的生活水平在社会平均线以下，左较能得到支持。右则更强调自由，通过自由竞争优胜劣汰，希望权力干预尽可能少。具有资源优势、能力优势者容易支持右。在这样的人较多、中产阶级占比较大的橄榄型社会中,右较能得到支持。

然而物极必反。过左会降低效率,保护落后,抑制积极性创造性,如绝对平均主义,最终有损大多数人的利益。过右则会导致贫富差距过大,强者更强弱者更弱,乃至弱肉强食,加剧社会矛盾和冲突。

左的好处较直观,对感性会有较大的冲击;过左的害处则较隐蔽,需用较强的理性来认识。加上左的受益地区和人群,经济水平、文化程度和个人能力较低,思维较简单,因而在这样的地区和人群中容易接受左和过左。

相反,右的合理配置资源、形成竞争激励、提高工作效率等好处,以及带动全面富裕的可能性,则较隐蔽,还要有反垄断、税收调节等其他措施配合,需用较强的理性来认识,而过右的弱肉强食等害处则很直观,对感性会有较大的冲击。恰好右的受益者经济水平、文化程度和个人能力较强,理性较强,因而在这样的地区和人群中,较容易接受右和过右,却会遭到相反人群的激烈反对。

例如,特朗普政府给企业大幅度降税,看似扩大了贫富差距,结果却大大帮助了企业的发展,还吸引了大量企业回流美国和去美国投资,大大增加了工作岗位,降低了失业率,经济一路上升,股市迭创新高,也支持了新冠肺炎疫情期间给贫困人群发放福利。

折中的方案是强调机会均等而非结果均等,必要的社会调节而非过于放任,充分发挥市场的功能和更好地发挥政府的作用。这正是当今中国要做的。

市场化的新闻媒介需要争取尽可能多的受众,其内容会倾向于左,以得到更多的受众和广告。这样的媒介更能发展壮大,越来越成为主流。移动互联网平台则不是内容为王,而是功能为王,其自由和自主的功能特性,较符合右的理念和需求。那些在大众媒介上难以得到传播的偏右内容,便从移动网络平台发出。于是,美国的传统媒体与特朗普的推特发生冲突。

二、新技术对信任的影响

数字化、移动传播、大数据、云计算、人工智能等信息和传播新技术,使新闻媒介对社会信任产生了新影响,使媒介公信力也出现了新状况。

这些新技术带来传播的日益随时随地、随心随意,无限数量和容量、多样和多元,给信息传递、意见交流、宣传教育、舆论监督带来新的条件,从而给社会信任的增强和提升带来新的机遇。

此外,这些新技术又带来更大的信息冗余,选择困难,更多的虚假、不良、有害、侵权内容,给造假、愚弄、撒谎、欺骗带来新的便利,给甄别、防范、监管、惩处带来新的难度。例如,移动传播带来后真相和意见回音壁,人工智能带来音频和视频的高度仿真,5G时代虚拟现实、增强现实的广泛应用,会造成新的真假难辨、虚假欺骗、信任流失问题。监管惩处也得随时随地、火眼金睛、跨国越境,甚至监管者本身也会被新媒介忽悠,或利用新媒介忽悠别人,成为社会信任的污染源。

社交媒介是新技术影响的集中体现。它们大大增加了人们交流信息和思想、了解情况和意见的机会,然而社交媒体的传者鱼龙混杂,内容真假难辨,且许多内容只是零星片段的,并不能反映全面和整体。人们往往无所适从、只能相信自己愿意相信的。这种被相信的内容可能与事实相去甚远,在跨国传播中又难以得到及时纠正。一些情绪化、极端化的言论广泛流传,还会被认为代表了其所在的人群,造成群体性误解和冲突,对国际信任也造成负面影响。

三、增进人类意识,弘扬共同价值,反映互助互益

针对上述问题和媒介因素,需从提升国际信任的视角改进传播及其媒介。对于传播内容,首先要增进人类意识,弘扬共同价值,反映互助互益。

最强的信任是在家人之间。面对大自然,人类社会就是一个共同的家园。放眼宇宙,地球在银河系这个大球场里,不仅没有足球大小,连个乒乓球也不如。人类要构建安全共同体、发展共同体、人文共同体、卫生健康共同体,从不同角度推动文化融合的发展、巩固和壮大[2]。

新闻媒介要积极增进人类意识,站在人类命运共同体的立场反映事实,判断是非,超越民族主义。如果说民族矛盾大于阶级矛盾,那么在人与自然的矛盾面前,什么都不是。应呼吁:全人类联合起来,为和谐大同世界而奋斗!

为此,新闻媒介要积极弘扬人类共同价值,帮助国际社会从价值观到实际利益都求同存异乃至化异,既防过左,又防过右。

在现代社会、现代世界,人与人、国与国的相互关联依存度已很高,任何个人和国家,都不能离开其他人和国家而过得更好,都从他人、他国受益良多,也能给他人、他国提供良多。可通过这方面的研究和传播,既扩大互助互益、合作共赢,又增强人类意识和情感。

事实上,人类命运共同体不只是一种倡导,也是一个现实,2019年,新冠肺炎病毒应让我们更清楚地看到这一现实,更自觉地坚持和发展一系列共同价值。事实上,国际社会中不仅有差异、冲突,也有许多互助互益。新闻媒介要更多地反映这些事实,传播这些价值,创造求同存异、相互信任的条件。

四、增强信实感,提高公信力,破除"媒体故意"魔咒

一个口吐莲花、巧舌如簧的人,虽然可以把话说得很生动,但是在陌生人面前,在讲述事实的时候,则不如一个话语平实甚至讷讷而言的人更容易被相信、被信任。国际新闻传播面向不太了解自己的对象,传播的是事实性信息,也要注重信实感,避免弄巧成拙。

不少人认为,新闻也要借鉴文学手法,把故事讲得更生动。窃以为,生动性对文学是雪中之炭,对新闻只是锦上之花。新闻的信息本质和告知作用,决定了新闻必须让人感到确凿可靠。人们关注新闻,主要是为了获得信息。新闻的各种作用都与其告知作用相关。即

使是用新闻做宣传,也要用事实说话,让人们信而服。缺乏告知作用的新闻报道也会产生作用,但那不是新闻的作用,而是重复、广告、故事等的作用。

因而新闻要避免主观色彩,令人感到可靠可信,在文风上应朴实浅显,能给人以言之凿凿、客观信实之感,且易懂易记。不能像文学作品那样曲折复杂、空白跳跃、朦朦胧胧,需要受传者细细品味和用想象补充,或由不确定性产生许多联想和想象的空间。

信实感还有助于增强新闻媒介的公信力——赢得受众信赖的品质与能力。而媒介公信力既影响媒介的传播效果,进而关乎媒介的传播力、影响力,又影响人们对媒介的信任,进而关乎对媒介的有关主办主管机构的信任乃至对有关国家的信任。需以高度的专业精神和新闻传播水准,树立起可靠、可敬的媒介形象。真话可以不说,假话一定不能说,并且去除宣传化、情绪化,无实际效果、徒增敌意的话,这也有助于破除上述"媒体故意效应"。

五、调动民间力量,淡化官方色彩,用好移动传播

1. 调动民间力量

以官方姿态出现的对外传播,不论是由于主观性较强,还是由于其他国家或地区的心里排斥和政府防范,传播效果总体上仍很有限。西方许多民众还认为,官方媒体只是官方的喉舌而已,不值得信任[3]。

相对而言,非官方的商业性媒体,不论是出于情怀还是以盈利为目的,都会较多地从传播对象的需要出发,尽力真实全面客观公正,较容易绕过其他国家和地区有意和无意的障碍,被境外受众接受。于是,传媒以商业化的方式才容易走向国际。全球化带来的传媒国际竞争,基本是以商业化的内容、形式和媒介运作方式进行的,这是以国有传媒为主的国家尤其需要关注的。

因此,国际传播需调动全社会的力量,通过各种途径,及时提供真实准确、全面完整的内容,减少虚假、片面、错误信息和观点的影响,包括通过各种民间人士和媒介。一般而言,民间的交往、传播较容易得到信任,不易被视作有敌意。

美国在境外的传播有官办的美国之音电台,也有商业性机构的《时代周刊》《华尔街日报》、CNN电视台等,目前在境外的影响,后者显然比前者大得多。

中国的官方对外传播媒体从美国总统奥巴马执政后期起,连遭美国遏制——从反制中国媒体的"政治宣传",到迫使部分媒体注册为"外国代理人",进而列入"外交使团"、限制驻美记者的人员上限……凡此种种,均对我国重点媒体的海外拓展形成了极大的限制[4]。我国的对外传播,比以往更需要利用民间力量。仅拥有《今日头条》和《抖音视频》的字节跳动公司,在境外就有上百个分支机构。

2. 淡化官方色彩

官办的媒体在境外则更要淡化其官办身份和避免打官腔。尽可能让人们对内容的真实全面客观公正感到放心,自然而然地信任接受。"美国之音"的英语广播在播出社论之前和之后,会加上一句"这是社论,反映美国政府的观点",表示他们是把新闻和评论分开的,

在评论中出现美国政府的观点,并且会像商业性媒体一样做出提醒。其实如果仅仅是在几十分之一的播出内容中含有美国政府的观点,也许美国政府就不会年年耗巨资于"美国之音"了。

我国央视对外宣传栏目《中国新闻》的系列报道《20年巨变》中,有一集为《上海外滩公园的"情人墙"悄悄消逝》,反映的是20年前,由于住房紧张和活动场所少,外滩的黄浦江围墙前成了谈恋爱的极好去处。夜幕一降临,那儿就聚满了一对对谈恋爱的青年男女,以至于很拥挤。尤其是在墙边,甚至有大龄青年的弟弟妹妹提前去占位。20年后,这一景观不见了,究其原因,主要是上海市区比过去扩大了几倍,公园和绿地增多了,年轻人又有了许多新的活动场所,如咖啡屋、歌舞厅、保龄球馆等。两三分钟的节目讲述了中国人生活变化的一个生动故事,不添一词却实实在在地宣传了中国改革开放和现代化建设的成就。

然而我们也有些媒体内外不分,在美国办个记者站也要找我们的政府官员去剪彩,传播内容和形式完全从自我出发,往往落入自说自话、几乎没有外国受众的境地。

3. 用好移动传播

移动传播给全民参与国际传播提供了很大便利,现在的数字公共外交(Digital Public Diplomacy),非职业性的传播机构如政府机构、企业、民间组织或个人,借助数字技术,开展以外国公众为主要对象的对外传播活动,主要就是通过移动传播[5]。

然而同时,移动传播的碎片化和传者的多样复杂,伴随移动传播而来的后真相、意见回音壁、群体极化等问题,也对国际信任有不小的负面影响,各国都应有所认识和防范。要让人们知道国际传播的重要性和对真实准确、客观全面的很高要求,并注意有理、有利、有节,多帮忙,不添乱。

为此,我们面向境内的国际新闻也要提供真实准确、充分全面的信息,让全民能进行更为切实有效的对外传播,避免片面盲目。

虽然新技术已经使图片和音视频造假变得容易,与文字传播相比,人们仍然更相信看到和听到的。移动终端的图片和音视频传播既更能被相信,又更能跨越国境。

青年是移动传播最活跃的用户。1995—2010年出生的年轻人还被称作"移动互联网原生代",2019年在全球共有24亿人,占人口的32%,美国卡内基国际和平研究院提出,他们的国际观是未来影响世界和国际关系的一个重要变量。这正是现在中学生至硕士生的年龄,是世界的未来。青年对境外的亲身直接了解较少,现在又很少接触传统新闻媒体,对境外的了解,已主要通过移动终端,国际传播也要注意采用适合他们的渠道、内容和形式,如视频网站、生活场景、网络语言。

参考文献

[1] "媒体故意效应"(Hostile Media Effect),指的是有些受众认为有的媒体总是对自己一方有敌意,即使媒体已经秉承新闻专业主义的原则,尽可能客观、中立,仍被认为存在偏见,利于对方而不利于己方。

[2] 邓伟志.论文化交融[J].学术界,2021(01):109-115.

[3] 贾文山,王羿欢."文山慧海"系列采访之一 贾文山教授谈我国国际传播能力建设的十二个怪现象[EB/OL].(2021-07-28)[2021-08-24].https://whqqsrl.wh.sdu.edu.cn/info/1201/1613.htm.
[4] 程曼丽.提升我国在国际传播中的话语优势[J].青年记者,2021(16):4.
[5] 史安斌,张耀钟.数字化公共外交:理念、实践与策略的演进[J].青年记者,2020(07):78-81.

被"驯化"的粉丝公众

——粉丝行为及其与媒介信息素养的关系探究

沈述宜[①]

【摘　要】 随着粉丝活动边界的拓展,粉丝群体已逐渐成长为参与网络公共领域各类话题辩论、履行社会监督责任的粉丝公众,尤其在后疫情时代的网络讨论中展现出其强大的媒介信息素养(MIL)。然而,部分粉丝群体的失范行为屡次引发负面社会舆论,而指导粉丝群体行为的粉丝社群文化本身更值得深入探究。通过观察发现,粉丝群体以公民身份参与网络公共领域讨论的行为模式,与其以粉丝身份进行粉丝活动的路径高度相似。由此笔者提出问题:粉丝群体受粉丝文化指导累积的行为经验是否塑造了粉丝群体的MIL? 由此,本研究结合问卷调查和访谈法,对某综艺粉丝群体的行为与其MIL的关系进行探究。结果表明:①粉丝文化指导下的粉丝行为与粉丝群体的MIL显著相关;②MIL高的粉丝群体具有更复杂的粉丝行为;③高学历、中青年粉丝群体的MIL低于受教育程度较低的青少年粉丝群体;④青少年、女性、学生粉丝群体更易受到粉圈思维的影响和驱使。

【关键词】 粉丝;粉丝行为;粉丝文化;媒介信息素养

随着粉丝活动边界的不断拓展,粉丝这一群体已逐渐成长为积极参与网络公共领域各类话题辩论、履行社会监督责任的公众,在国内外网络公共领域的文化宣传、思想传播和舆论引导方面都发挥了重要作用。例如,在新冠肺炎疫情初期,部分明星粉丝后援会因其强大的线上线下组织调度能力,成为医疗与生活物资的重要来源和疫情信息交互渠道。

媒介与信息素养(Media and Information Literacy,简称MIL)是由联合国2013年提出的由媒介素养、信息素养、数字素养等融合形成的复合型概念,定义为"一系列能力,即赋予公民以批判的、道德的、有效的方式,获取、检索、理解、评估、制作和分享各种信息与媒介内容的能力,从而使之能积极地参与并从事各种个人、职业和社会的活动"。

对于以青年为主体的粉丝群体来说,新型媒体的认知、学习及使用,主要依靠模仿线上粉丝社区其他成员的行为和自身网络实践的不断演练。可以说,粉丝在使用网络社交媒体进行粉丝活动的过程中体现出的媒介使用、信息解读、交互辩论等素养来源于粉圈文化训练出的行为规范,粉丝行为的动机是包裹在理性规范框架内的非理性内核,其与联合国教

[①] 北京大学新媒体研究院博士研究生。

科文组织所提出的,互联网时代公民所应当具备的理性思辨能力和正确解读信息能力的MIL既有相似也有差异。

因此,本文提出以下研究问题,粉丝群体的MIL程度如何?粉丝文化指导之下的粉丝行为和粉丝群体的MIL有何关系?它是否一定程度上推动了粉丝群体MIL的形成?若如此,这会对粉丝公众参与网络公共领域讨论的模式、过程和结果带来何种影响?

一、理论基础与研究综述

1. 理论基础

1) 詹金斯的粉丝研究

在粉丝与粉丝文化的研究者中,亨利·詹金斯(Henry Jenkins)是当之无愧的领军人物,他一定程度上继承了老师德赛都用"盗猎"一词肯定消费者的主动性和创造性的论述,但与德赛都描述粉丝是"盗猎"的读者不同,詹金斯认为粉丝能够保留他们利用大众文化材料生产出来的产品,这些从大众文化中盗猎来的材料,有时候还能为某些粉丝自身提供有限度的经济利润[1]。同时,詹金斯还认为粉丝的"盗猎"行为实际上是一种文化意义上的积极参与,这一定程度上改变了大众对于粉丝类型化的负面看法。

詹金斯论述的粉丝行为特征主要可概括为表1。

表1 詹金斯论述的粉丝行为特征概要

粉丝行为特征	概念阐述
参与式	詹金斯在1999年出版的《文本盗猎者:电视粉丝与参与式文化》一书中提出,粉丝文化是一种"参与式"文化,产生于粉丝社群并在其中发展,其特点主要包括:艺术表达和民主参与的门槛较低;积极参与创造并愿意主动和他人分享成果;社群内存在老成员向新成员进行经验传授的师生关系;成员认为自身的付出是具有价值的;社群成员之间建立起一定的社会联系,社群中的个体大多在乎其他人的评价
盗猎	粉丝持续地进行文化拼贴的行为,构成了一种将媒介消费的经验转化为新文本乃至新文化和新社群的生产文化。粉丝在消费原始文本的基础上生产出符合自身价值意义的文化文本,从一般消费者转变为文化生产者,将"盗猎"发展为一种艺术形式
应援	随着消费主义的盛行,粉丝不再单纯满足于文化上的创作与社群讨论,而选择用实际的文化产品消费、数据打榜、粉丝团内部大规模转赞评社交平台的文案等方式支持自己喜爱的明星,声势浩大地将对明星的喜爱程度量化为数字并公开在社交平台上,一般这种行为被称为粉丝对其偶像的"应援",这也成为粉丝文化不可忽视的特征之一

2) 媒介信息素养(MIL)

近年来,随着信息技术应用的逐步深入,媒体素养、信息素养和数字素养等概念正在呈现出日渐融合的发展趋势。因此,联合国教科文组织(UNESCO)将媒介素养、信息素养和数字素养几个相关概念融合一体,并对媒介信息素养(Media and Information Literacy,

MIL)的概念作了界定[2],并发布了《全球媒介信息素养评估框架》,其中提出了公民应当具备的 MIL 能力,主要要素如表 2 所示。

表 2　MIL 框架三要素

	概　念　阐　述
信息获取与甄别	使用适当的技术访问、检索和存储信息与媒体内容的能力,包括明确对信息、媒体内容和知识需求的能力,识别各种来源和格式(纸质、音频、图像和数字)的信息和媒体内容的能力,能从数字或实体图书馆、博物馆、个人文件或其他来源中进行检索
信息理解与评估	在普遍人权和基本自由的背景下,理解、批判地分析和评估信息、媒体内容、媒体和信息机构的工作和职能的能力。其中包括比较事实,在观点中分辨事实,觉察时机,识别重要的意识形态和价值观,质疑社会、经济、政治、专业人员和技术力量如何塑造媒体和信息内容,评估信息的质量
信息创作与分享	掌握信息、媒体内容和新知识的建立,以及与他人有效交流的能力,包括道德地和有效地使用信息、媒体内容,具备使用的基本知识,以及道德地使用媒体、信息和 ICT 的态度及价值观。具有 MIL 的公民能够参与和监督民主化进程,因此,对媒体制作、知识创造、使用与影响的监控也是 MIL 的关键因素

2. 研究综述

微博平台上粉丝群体及其行为是国内的部分学者进行研究与批判的重点,例如,认为粉丝的过度"控评",会使非粉丝群体难以参与正常的评论活动,引起其他用户反感甚至造成网络暴力行为,亟待提升媒介素养[3];粉丝文化"行为狂欢化、行动组织化、语言饭圈化"的特征,导致青少年信息意识和社会责任素养受到影响。因此青少年媒介素养亟须提升[4];微博给粉丝提供的参与式文化场域变成了话语失范的聚集地,破坏公共视听,造成媒介资源的浪费,引发粉丝形象的社会认同危机,还孵化了以流量造假为服务内容的灰色产业链[5]。针对粉丝群体媒介素养的缺失,许多学者认为媒介素养的教育刻不容缓,要结合学校、家庭、媒体及其他社会组织的力量共同达成[6-7]。

值得特别关注的是,与国内研究者相比,国外许多学者更关注在网络游戏中粉丝群体所展现的媒介(信息)素养。例如,有学者研究了《我的世界》游戏的粉丝,认为游戏文化可能成为一种非正式在线学习的形式[8];考安·斯基亚翁(Kauan Schiavon)研究了《模拟人生》游戏粉丝自制周边中最受欢迎的一项产品,并认为其收获大量好评的原因是具有多语层特征(如语言学、音乐、图像等),并利用新媒体技术进行传播实践(如制作了音乐和视频版等多个版本进行发布)[9];卡尔·韦恩(Karen Wohlwend)对"虚拟娃娃屋"游戏进行研究,认为孩子们通过游戏接收并学习与现实社会相关的信息,而这些生活化的游戏操作与传统的女性形象相一致,传递着社会对女孩的自然化和正常化的期望,这些期望也随着孩子玩游戏程度加深(成为游戏粉丝)产生更长远的影响[10]。

综上,国内外已有与粉丝群体和媒介素养相关的研究中,对于粉丝群体媒介信息素养的水平产生认知差异。国内研究者大多从粉丝在参与公共领域过程中"狂乱""非理性"行为中归纳出"粉丝群体缺乏媒介素养"的结论,尤其强调了青少年媒介素养教育的重要性。而国外部分研究者认为,虽然对于儿童和青少年来说,媒介素养的教育仍是十分重要的,但不可否认的是,许多粉丝通过粉丝社群的学习和训练后拥有了新媒体技能,具备了很高的媒介信息素养。

二、研究假设及研究方法

1. 研究假设

本研究选取国内2020年疫情暴发后期某音乐综艺的粉丝群体进行深入调研,探究其在具体的粉丝活动中,粉丝行为和媒介信息素养对粉丝综艺感受与评价的影响,并进一步研究粉丝行为和媒介信息素养的关系,由此提出了以下假设(见图1):

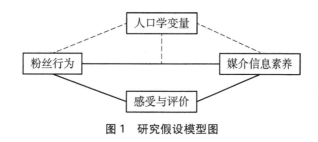

图1 研究假设模型图

假设1:粉丝行为影响粉丝对综艺的感受与评价
假设2:媒介信息素养影响粉丝对综艺的感受与评价
假设3:粉丝行为和媒介信息素养显著相关
假设4:粉丝行为、媒介信息素养和粉丝对综艺的感受与评价均有显著人口学差异
假设5:粉丝行为、媒介信息素养和粉丝对综艺的感受和评价之间的相关性存在显著人口学差异

2. 研究方法

本研究主要采用问卷调查法,对于音乐综艺的微博粉丝群发放问卷,测量此粉丝群体的人口学变量,并使用李克特五级量表测量粉丝行为、媒介信息素养及粉丝对综艺的整体感受与评价。研究工具采用SPSS软件和SPSS AMOS软件构建结构方程模型,对各要素间关系进行验证。

三、数据分析与研究结果讨论

1. 被调查粉丝群体的人口学特征分析

本研究于2020年9月至11月投放线上问卷,共回收问卷963份,有效问卷897份,问卷有效率93.1%。所有数据来源于该音乐综艺微博粉丝群及微博超话。此粉丝群成员以20~30岁、受教育程度较高的女性学生群体为主(见表3)。

表3 调查样本基本信息(N=897)

指标	类别	数量/人	比例/%
性别	男	124	13.82
	女	773	86.18
年龄	20岁及以下	372	41.47
	21岁至30岁	489	54.52
	31岁及以上	36	4.01
受教育程度	本科以下	131	14.61
	本科	623	69.45
	硕士及以上	143	15.94
职业	学生	614	68.45
	社会人士	283	31.55

2. 相关性分析

本研究分别对于"粉丝行为""媒介信息素养"和"感受与评价"三个变量进行测量。如表4所示,三个变量显著相关。

表4 各变量的相关性分析(N=897)

	粉丝行为	媒介信息素养	感受与评价
粉丝行为	1.00		
媒介信息素养	0.65**	1.00	
感受与评价	0.73**	0.79**	1.00
M	3.15	3.07	2.99
SD	1.32	1.18	1.06

注:**表示$P<0.01$。

3. 研究变量在人口学变量上的差异

研究采用独立样本t检验、单因素ANOVA检验的方法,分别考察"粉丝行为""媒介信息素养""感受与评价"三变量的人口学差异(见表5、表6)。

表5 粉丝行为、媒介信息素养、感受与评价在不同性别和职业粉丝间的差异检验(N=897)

		粉丝行为	媒介信息素养	感受与评价
性别	男	2.07±1.84	2.42±1.91	2.45±1.91
	女	3.32±1.12	3.17±0.98	3.07±0.82

(续表)

		粉丝行为	媒介信息素养	感受与评价
	t	－7.35**	－4.38**	－3.59**
职业	社会人士	2.81±1.54	2.84±1.45	2.88±1.39
	学生	3.30±1.17	3.17±1.02	3.04±0.87
	t	－4.70**	－3.49**	－1.85*

注：**表示 $P<0.01$，*表示 $P<0.05$。

表6 粉丝行为、媒介信息素养在不同年龄和受教育程度粉丝群体中的差异检验（$N=897$）

		粉丝行为	媒介信息素养
年龄	20岁及以下	3.40±1.23	3.19±1.06
	21至30岁	2.95±1.38	2.97±1.28
	31岁及以上	3.16±0.79	3.16±0.64
F		12.60**	3.64*
受教育程度	本科以下	3.56±1.12	3.32±0.98
	本科	3.14±1.34	3.03±1.21
	硕士及以上	2.79±1.28	2.98±1.20
F		12.09**	3.61*

注：**表示 $P<0.01$，*表示 $P<0.05$。

据表5和表6，女性粉丝群体粉丝活动参与程度和MIL显著高于男性粉丝；年龄小、受教育程度相对较低的粉丝群体粉丝活动参与程度和MIL显著高于年龄较大和受教育水平较高的粉丝群体。

4. 结构方程模型

1）信效度检验

本部分主要对于"粉丝行为""媒介信息素养"及"感受与评价"三个变量进行信度和效度检验，使用李克特五级量表（很不符合、不符合、一般符合、符合、很符合）对于粉丝群体的行为和态度进行调研。据结果，三变量所对应题项的克隆巴赫系数均高于0.8，通过信效度检验。

2）因子分析

基于詹金斯提出的粉丝文化中粉丝进行活动的三个特征及联合国提出的MIL框架中的三要素，对于粉丝行为和MIL两个变量进行因子分析。结合旋转后成分矩阵结果，KMO值大于0.88（见表7）。

表7 因子分析结果对应题项一览

变量	因子	题项
粉丝行为	粉丝参与	我愿意加入粉丝群并讨论偶像的表演
		我会公开反驳他人批评偶像的言论
	粉丝应援	我会积极参与控评、反黑等粉丝群集体活动
		我愿意购买偶像的音乐专辑及周边产品
	粉丝盗猎	偶像是我看此节目的主要原因
		我会对偶像的表演进行二次创作(视频、同人文、歌曲等)
		我经常使用偶像的表情包
媒介信息素养	信息获取与甄别	我会利用搜索引擎获取所需要的信息
		我可以准确理解网络平台中的信息内涵
	信息理解与评估	我对于网络新闻的标题导向性十分敏感
		我会在网络上公开反对批判我不认同的言论
		我对新闻事件当下的对错有自身明确的判断
	信息创作与分享	我经常转发点赞评论关于我喜爱或认同的信息和内容
		我愿意对感兴趣的信息重新创作并上传到社交平台

3)结构方程模型构建

基于假设和三要素相关性构建结构方程模型。其中,$P=0.447>0.05$,$CMIN/DF=1.459$,在1~2之间,$RMSEA=0.023<0.05$,$AGFI=0.983>0.9$,$CFI=1.00>0.9$,模型各项拟合指数良好,假设模型具有较好的稳定性和可靠性。此外,此结构方程模型在人口学变量上也均呈现显著性差异(见图2)。

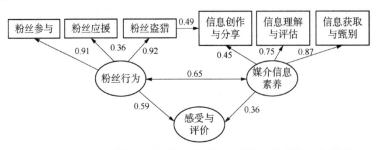

图2 粉丝文化、媒介信息素养和感受与评价关系的结构方程模型

四、研究结论与展望

1. 研究结论

本研究的重点在于深入探讨粉丝群体的参与行为及其与媒介信息素养之间的关系,基

于此,本研究主要得出了以下结论:

1) 由粉丝文化规训的粉丝行为一定程度上塑造了粉丝群体的媒介信息素养

粉丝群体长期处于粉丝社群中,通过模仿粉丝社群意见领袖和其他社群成员的行为进行粉丝活动,其媒介信息素养一定程度上被粉丝文化潜移默化地改变甚至塑造,对其以公众身份参与公共领域讨论的模式也产生了显著影响。

以粉丝群体最常见的集体"控评"行为为例。"控评"主要表现为粉丝在与偶像相关的微博评论区集中刷屏的"彩虹屁"(花式吹捧),体现出 MIL 所要求的"信息创作与分享"的能力;而在一些传播偶像负面新闻的微博中,"控评"主要形式包括:①对负面事件图文并茂的澄清,即抽丝剥茧地从不同平台及渠道寻找可利用的信息并有逻辑地整理成文案并得出有利结论,这体现出"信息获取与甄别"的能力;②主动转移话题以模糊舆论焦点(如"请关注哥哥的新作品××")以及对信息发布者进行集中攻击,通过挑战媒体机构的权威性来达到洗白的目的等(如"拿钱办事的营销号毫无可信度"),这便体现了 MIL 框架中对"信息理解与评估"能力的要求,即对于信息内容、媒体及信息提供机构职能进行分析和理解。

由此看来,粉丝通过参与式行为,主动加入社群进行信息的获取和交换,学习在不同网络平台与社区寻找与偶像相关的信息,对于偶像相关的信息进行个性化解读以满足自身的情感需求,出于对偶像的喜爱对相关文本进行文本的二次创作和传播,对于偶像相关的负面信息进行批判性思考,同观点相左的人在线上公共领域进行辩论,并努力通过信息的溯源、拼接、整合以证明自身观点的正确性。通过以上行为,粉丝群体展现了其通过粉丝文化的规训和粉丝活动中具体的实践塑造媒介信息素养的过程。

2) 媒介信息素养高的粉丝群体具有更复杂的粉丝行为

对于粉丝群体而言,有实力的"文本盗猎者"被称为"太太",他们通过视频剪辑、撰写同人文章、进行词曲创作或歌曲改编等方式为粉丝群体的扩大和发展形成实质性贡献,而此类创作者自身一般都具备使用复杂软件的实操能力、较高的审美鉴赏力、艺术特长和逻辑分析能力。比起随手可以操作的"控评"而言,具备较高信息素养、艺术文化素养、新闻素养和基础素养的"文本盗猎者"显然有更高的门槛,因此他们也在粉圈内部占据更高的地位,在获得其他粉丝追捧的同时,收获更高的自我满足感和身份认同感,由此形成其参与粉丝活动的源源不断的自我驱动力,粉丝文化的浸入程度也随之不断加深。即便粉丝群体的信息创作与分享能力一定程度上是可以通过盗猎行为训练出来的,但是作品创作出的质量比起自身媒介信息素养本来就高的粉丝而言仍有较大差距。

除了"太太"之外,一些熟悉粉圈规则的内部领导者被称为"大粉",他们在粉丝群体内部具有一定话语权,往往是新信息的制造者和挖掘者,有些以"内部人士"自居,凭借向粉丝群体提供未知渠道的"瓜"(爆料信息)而获得拥趸;或通过独特的逻辑思维和分析视角将既有公开的信息进行解构和重构以博取关注。这些大粉通过利用自身较强的信息获取与甄别及信息创作与分享能力,同样在粉丝社群中收获了大量关注度,甚至在粉圈的权力结构中占有一席之地,促使他们的粉圈浸入程度不断加深。

3) 高学历、中青年粉丝的信息获取及信息创作能力低于低学历、青少年粉丝,但其信息理解评估能力较强

本研究显示,年龄较小和受教育程度较低的粉丝群体粉丝活动参与程度即粉丝文化的浸入程度和媒介信息素养均要高于年纪较大和受教育程度较高的粉丝群体,这与普遍认为"受教育程度越高,媒介信息素养越高"的观念相左。而此结论或许与时代发展的现实相符合——即作为网络原住民的青少年群体比成年人更加准确掌握信息时代的脉络,具备更高的媒介信息素养。

分析结果也表明,中青年群体相比青少年群体在线上公共领域讨论过程中的攻击性及公开批判性程度较低,且较少主动进行信息及文本的二次创作及传播活动。同时,中青年粉丝群体因受教育程度更高,对于文本的理解力和判断力比青少年高,因此受到粉丝文化影响和驱使程度也相对较低。

4) 青少年、女性、学生粉丝群体更易受到粉圈思维的影响和驱使

本研究显示,女性、青少年、学生和受教育程度较低的粉丝在对节目内容进行评价的过程中更多受粉丝身份的制约和主观感性驱使,对于节目本身具有更高的包容性和认可度,整体评价积极正向;而男性、中青年、非学生和受教育程度高的粉丝对节目的评判标准更多源于自身具备的媒介信息素养,从而评价结果相对更为客观理性。

青少年群体正处于生理和心理上快速成长的时期,在此期间"偶像"实质是对理想自我的映射,这一形象是在自我建构的过程中诞生的,它并不是偶像真实的样子,而是粉丝心中偶像所应当具备的形象,是神圣不可侵犯的。而对于女性青少年而言,偶像更是内心浪漫主义的初期投射,所谓的"女友粉"实质是把偶像当作理想中的恋人,以此弥补真实生活中情感缺失。而在这种思维框架下,排他性成为粉丝身份存续的重点,偶像不可以有丑闻和绯闻;所有的出行信息都要公开;通过金钱、时间和精力的付出来获得自我满足感。对于绝大部分青少年的女性粉丝群体来说,购买偶像代言的产品等付出大量金钱的方式难以维持,因此需要通过其他方式进行补偿;例如,进行线上的"打投""控评""反黑"等行为来维护偶像形象,而此类行为往往是粉丝群体内部组织进行的集体活动,久而久之心智尚未成熟的青少年女性粉丝群体更容易受到粉圈内部言论和思维方式的影响,做出不理智的行为。

综上,即便青少年群体具备更高的媒介信息素养,但是在面对与偶像相关的信息文本解读过程中仍更多受粉圈思维和粉丝文化的指导和驱使,陷入情绪化的非理性状态。

2. 研究展望:媒介信息素养教育的方向建议

在粉丝群体的各类行为中,被作为乱象取缔的"反黑群"是粉丝群体性行为的典型代表之一。粉丝群体通过有组织地"反黑"(向以微博为主的信息发布平台举报恶意中伤言论)以减少在公众平台上对于偶像的负面评价,维护偶像的形象。而当大规模的"黑"言论出现时,部分粉丝甚至会选择向相关的政府部门进行实名举报,尽管这种方式具有一定风险,但成功率却也会大幅提升。由此可以看出,这部分粉丝群体的媒介信息素养不仅不缺乏,反而是极高的。

然而,这部分粉丝在展现其高媒介信息素养的同时,却也引发了更多社会问题。可以

说,粉丝文化中一些乱象的产生,不是因为粉丝群体媒介信息素养的缺乏,反而是由于粉丝经济快速发展过程中,部分具有极高媒介信息素养的粉丝群体对于规则的滥用所导致的。而这种滥用,很大程度上是受到了相关利益集团的指使,例如,"脂粉"(职业粉丝,通过当大粉谋取利益),通过煽动不同粉丝群体间的矛盾和对立,以达成"虐粉固粉"的目的(粉丝在自我身份认同不明确的时候,因喜爱的偶像受到攻击,彻底成为偶像的忠实粉丝,自我身份被迫明确);或者以"集资"的名义卷款潜逃,转换身份加入新的粉圈后再如法炮制。

即便如此,大部分粉丝仍不认为自身受到了粉圈思维的影响。新浪微博联合艾漫数据发布的《2019新浪微博明星白皮书》显示,55.4%的粉丝认为自己是"理智粉"。然而本研究显示,青少年群体和中青年群体的粉丝特征差异主要表现为青少年粉丝群体在参与公共领域的讨论时更具有主动性、批判性和攻击性,更容易受到粉丝群体"集体无意识"的驱使,做出较为冲动的行为。

因此,媒介信息素养的教育,尤其是对于世界观价值观尚未完全形成的青少年群体而言是十分必要的。教育设计的方向应当在认可青少年粉丝群体具有较高媒介信息素养的基础上进行方向性的调整,要在深刻认知粉丝经济发展脉络和痛点的基础上,有针对性地采取适当的教育方式,这需要家庭、学校、社会的共同配合,缺一不可。

参考文献

[1] 詹金斯,杨玲.大众文化:粉丝、盗猎者、游牧民——德塞都的大众文化审美[J].湖北大学学报(哲学社会科学版),2008(04):71-75.
[2] 程萌萌,夏文菁,王嘉舟,等.《全球媒体和信息素养评估框架》(UNESCO)解读及其启示[J].远程教育杂志,2015(01):21-29.
[3] 马子涵.媒介素养视角下粉丝"控评"现状及路径探究[J].新闻研究导刊,2020(22):82-83.
[4] 杨震震,霍雅婧.微博"粉丝文化"对青少年媒介素养的影响与规制[J].新闻研究导刊,2020(18):212-213.
[5] 李梦娇.逆狂欢:微博粉丝话语失范现象探析[J].东南传播,2020(01):30-32.
[6] 蔡骐.媒介素养教育与青少年"粉丝"的引导[J].传承,2012(17):58.
[7] 陈果.粉丝文化对中学生价值观的影响研究[D].广州:广州大学,2016.
[8] Ryu D, Jeong J. Two Faces of Today's Learners: Multiple Identity Formation [J]. Journal of Educational Computing Research,2019,57(6):1351-1375.
[9] Schiavon K. The Sims: A Study of Machinima's Productions within Educational Use [C]//11th International Conference on Education and New Learning Technologies,2019:10256-10264.
[10] Wohlwend K E. Monster High, a Virtual Dollhouse: Tracking Play Practices Across Converging Transmedia and Social Media [J/OL]. Teachers College Record,2017,119(12). https://doi.org/10.1177/016146811711901205.

流动的青春场域及其意义生产:对D县青少年手机使用的媒介人类学考察

黄 珩[①]

【摘 要】 随着社会经济水平的提升与智能手机的普及,手机媒介使用的城乡差距与代际差异都在显著缩小。在此背景下,乡村青少年的手机使用问题成为媒介研究、文化研究和教育研究的交集场域,有着丰富的学理纵深。为考察他们的手机使用行为,并探析其背后的社会文化肌理,研究选择了云南省D县L中学的12名来自八、九年级的青少年作为访谈对象,通过深度访谈和网络民族志的研究方法,发现这些乡村青少年们在手机使用中构筑出了一个具有高度流动性的青春场域,发展出了独特的交往经验与互动机制,展现出乡村青少年手机使用行为在成瘾话语之外的文化解释空间。

【关键词】 乡村青少年;手机使用;青春场域;交往经验;意义生产

2020年,我国脱贫攻坚战取得全面胜利,进入接续推进乡村振兴的新阶段。在持续数年的精准扶贫工作中,全面实施乡村振兴和坚定不移建设数字中国两大重要发展战略交汇叠加[1],致使数字化发展中乡村媒介环境的变化及其对乡村社会的影响成为学界关注的焦点。而作为此背景下新生代的乡村青少年们,第一时间走进了本研究的视野。

有学者由此视角切入,对农村网吧中的留守儿童进行了民族志调查,得到了"农村人口的城市流动导致农村的空心化,而网吧产业正好'乘虚而入',争夺孩子们的市场""网吧产业嵌入农村之后,对留守儿童的社会交往产生负能量,正在导致留守的一代人被荒废垮掉"[2]等发现。然而,在媒介环境进一步发生变化的今天,这些结论面临着重新探讨的问题。

在2020年8月至2021年7月,笔者曾在云南省D县一所初级中学从事了一年的支教工作。这一年的工作为笔者观察乡村青少年的互联网使用行为提供了大量的机会。根据当时一些简单的观察,笔者认为在智能手机迅速发展的今天,手机正在取代网吧,成为青少年们互联网使用的新载体:同学们常常在QQ、微信中进行交流与分享,在快手上剪辑和发布自己的作品,在王者荣耀、吃鸡等游戏中安放无聊的时光……一位班主任也在闲谈中印证了这个观点,"过去这些'小娃'(指学生)离家出走,都是在网吧找回来的;现在都要去同

[①] 中国传媒大学电视学院硕士研究生。

学家里找,都窝在别人家里打游戏"。

但是,这些现象蕴藏着更多等待解答的问题:这些青少年们究竟在手机上做什么?手机这种媒介对他们的生活有什么意义?从互联网普及前被称为"电子保姆"的电视,到后来成为青少年集散地的网吧,再到现在人手一个的"邪恶小屏",手机作为又一个被诘难和诟病的媒介,是否产生了新的使用特点与文化阐释的空间?这些青少年们的手机使用能否架构他们与外界的联系与交往?手机使用行为背后的社会环境、家庭责任、学校教育等环节之间,又有着怎样动态、复杂的关系?

这些问题激发了笔者进一步探索的兴趣,成为本研究的起点。本文将从对相关文献的回顾与爬梳入手,提炼分析框架,聚焦出所要研究的问题。

一、文献回顾

1. 青少年手机使用:多学科的共同关照

当手机使用的低龄化在全球范围内成为普遍现象,青少年手机使用业已成为多个学科领域共同关注的重点。不同学科背景的研究者们按照各自的研究传统与路线,对手机的影响进行了多方位的分析,拼凑出青少年手机使用研究的学术版图。

医学和心理学研究者主要关注手机对青少年身心健康的影响,形成了一系列丰富的研究发现,如手机的过度使用在青少年身体健康方面所导致的睡眠质量下降[3],视力下降[4],以及多动症等疾病发生概率的提高[5];在心理健康方面导致的幸福感和自控能力下降[6],孤独感增加[7],以及焦虑感的累积[8]。以这些丰硕的研究成果为基底,对青少年手机使用的研究开始整体性地向传播学、社会学、教育学等社会与人文学科领域发展,研究重点也由对生物性特征的关照延伸至对社会性要素的分析。

其中,社会学和传播学领域主要延续了关注媒介与青少年发展之间的关系的传统,着眼于作为媒介的手机在青少年社会化进程中所发挥的作用。有国外研究肯定了手机对青少年社会资本积累的积极意义[9],但绝大多数研究的结论还是指向了手机的负面影响,如:使留守儿童的社会化过程受阻[10],在留守儿童社会化过程中产生"代偿异化"[11],或以虚拟的社会角色及社会交往打乱青少年社会化的发展等[12]。教育学领域则以校园为主要关注场域,探究手机对青少年学业和校园生活的影响。既有研究发现了手机与学业倦怠[13]、校园霸凌倾向[14]等问题之间的相关性,并基于研究发现,试图对青少年手机使用提出科学的管理路径,如:吴涯等学者系统详细地对国外的相关研究与管控举措进行了综述,提出了适于中国语境下的管理建议[15];杨莉则探讨了小学高年级学生手机使用方面的问题,并从家庭、学校、学生三个角度给出相应的改善对策[16]。

与不同学科领域的关注相对应,教育部于2021年出台了《教育部办公厅关于加强中小学生手机管理工作的通知》,提出"有限带入校园""细化管理措施""加强教育引导""做好家校沟通""强化督导检查"五方面具体的政策[17]。这些策略性的文献与国家层面出台的具体政策,实现了相关研究由理论发现向实践举措的跨越。

2. 手机成瘾:相关研究的主流视野

综合以上论述,本研究发现,不同学科领域对青少年手机使用的观察,共享着一套研究视野与解释框架,即基于手机成瘾的理论预设,来分析青少年手机使用的行为及配套的对策。这种主流的研究视野在分析工具和研究理念两个维度上对相关的研究形成了双重桎梏。

究其根本,成瘾行为理论发源于心理学领域,最早指药物成瘾,而后"延伸到各种额外的或者超乎寻常的嗜好及行为,这些行为都被维持而无视其带来的各种危害性后果"[18]。在成瘾行为理论的视阈下,青少年过度使用手机的行为往往被研究者操作化为一系列可被观测的特征,成为一系列量表与问卷编制的依据。在上文提及的文献中,应用较多的量表有:失控性、低效性、戒断性和逃避性 4 个维度共 17 个条目的手机成瘾指数量表(MPAI)[19];日常生活干预、现实测试干预、积极预期、退缩、网络空间导向关系、过度使用和容忍 7 个子量表共 48 个条目的智能手机成瘾量表(SAS)[20];以及被各国研究者广泛引用的手机问题性使用问卷(PMPUQ)[21]等。这些量表成为研究各国青少年手机使用行为时可套用的分析工具,推动了相应的知识生产。然而,受限于手机成瘾的理论预设,这些研究的结论具有高度的同质性,也缺乏对量表之外其他手机使用行为和成瘾背后复杂社会背景的洞察。

由此可见,尽管对青少年手机使用的研究成果非常丰富,但在一定程度上忽略了文化层面上青少年手机使用的积极意义与丰富内涵,因而带有强烈的指责与规训的色彩。因此,本研究认为还需要更为多元的研究视角与方法,关照到他们具体的手机使用行为,找到他们手机实践背后长期被忽视的社会文化纵深。

3. 本文研究视角的浮现:一种媒介人类学的取迳

在文献的梳理中,本研究发现,有一些研究者跳出了成瘾理论的预设,扎根手机使用行为本身,细致地发掘这些行为背后的社会文化结构,极大地补充了主流视野的不足。

此类研究大多具有高度的本土性,以关系视角将青少年的手机使用行为与宏观社会系统的运行联系起来,如:有印度学者以性别议题为切入口,深入剖析了印度青少年女性的手机使用行为,发现手机使用使她们以一种相对私密的途径获得了在本国文化中禁忌的生理卫生知识,在一定程度上有利于她们的身心健康[22];中国学者郑春风以民族志的研究取向,立足特殊的乡村家庭结构,从父母媒介干预的理论视角出发,"深描"了乡村父母对儿童手机使用行为的干预行动,并尝试提出这些行动所面临的结构性条件与难题[23]。究其本质,这一类研究中浮现出了媒介人类学的研究思路与方法,即"强调对媒介技术使用者和媒介背后社会文化及结构的关注,描绘出技术嵌入社会系统的过程"[24]。这一点与本文的研究旨趣不谋而合。

本研究也采用了媒介人类学的关系视角,对"人们使用和理解媒介技术,以及围绕媒体展开的社会实践和文化阐释"[25]的行为进行探索。具体而言,就是将青少年的手机使用行为作为切入当今时代和理解社会文化肌理的一种重要途径,对之进行"民族志式的、历史性的、语境化的分析"[26],寻找这一现象在成瘾话语框架之外的文化解释。

二、框架提炼

基于研究视角的选择和研究对象的特点,本研究尝试以布迪厄的场域理论作为基础,搭建总体的分析框架。

场域(field)是布迪厄所提出的一个概念,可以被定义为"由不同位置之间的客观关系构成的一个网络(network)"[27],是"处在不同位置的行动者在各自习惯的指引下,依靠各自拥有的资本进行斗争的场所"[28]。在此处,资本是"一组可被使用的资源和权力"[29],包括经济资本、文化资本、社会资本和符号资本;而惯习则是一种"外部财富划归到整个人身上"所铸就的"无法瞬间传输的性情系统"[30],体现为"具有文化特色的思维、知觉和行动"[31]。布迪厄将资本、惯习在场域中形成实践的过程表述为方程:[(资本)(惯习)]+场域=实践[32],直观地呈现出了三个概念与实践的关系。布迪厄还提出,在高度分化的社会里,社会世界由大量具有相对自主性的社会小世界构成,这些社会小世界就是具有自身逻辑和必然性的客观关系的场域,它们的自身逻辑和必然性不可化为支配其他场域运作的逻辑与必然性[33]。简言之,作为大场域的社会可以被拆分为数个不同的小场域,它们拥有不同的"游戏规则"。而这些"游戏规则"由各自场域中行动者的惯习与资本所共同形塑。

因此,在场域理论的视阈下,乡村青少年们所处的场域既有宏观的乡土社会场域,也有可拆分出来的、微观的家庭场域和校园场域。然而,布迪厄的理论仅仅强调了各个小场域的相对独立性,却忽略了能够使场域间流动成为可能的中介场域的存在。在文化社会学领域,本研究的关注对象有其特殊性,蕴藏形构出中介场域的可能。一方面,他们正处于生命历程中有特殊文化意义的阶段。有学者认为,较之以往,人们在学校里度过了更长的时间,这对生命历程的规范性概念产生了深远的影响[34],"青少年期"这一极富文化创造力的人生发展阶段也被理论化为一个真正的概念[35],在这一时期,青少年群体总能创造和维持一套绚丽而独特的同侪文化系统[36],成为独特的文化资本。另一方面,作为在数字时代里成长起来的青少年,他们在虚拟空间中的社会交往和伦理行为与现实生活存在着重要的差异[37],形成了基于手机和互联网的数字生活习惯。

基于以上认识,本研究认为,在同侪文化资本与数字生活习惯的推动下,乡村青少年们能够通过围绕手机进行的媒介实践,构筑出一个青春场域。在社会生活里,时间和空间总是相互交织的,对时间和空间的社会安排处在组织化的人类活动的核心[38]。而正如索罗金和默顿的社会学研究中被空间性因素分割为相互独立单元的"空间化的时间"[39],青春期也是生命历程中与校园、家庭空间紧密绑定的一个时间片段,青春场域以时空交织的形式与校园场域、家庭场域发生关联与互动。青春场域具有与家庭场域、校园场域截然不同的"游戏规则",同时又能作为一种流动性的中介场域,帮助乡村青少年们在各个场域中不停穿梭,在集体与个人、情感与意识形态之间的紧密互动中完成丰富的自我成长与意义生产。

意义生产必然包含着文化和意识形态的因素[40],是个人经验、集体惯例和社会意识形态综合作用的结果,能够出现在极富个人特征的话语关系中[41]。而情境中"广泛存在的意义生产"[42]从来不是围绕行动者存在条件的镜像,因为它们通过意识和自我理解的纷繁样式才得以展开[43]。因此,本研究希望直接接触乡村青少年们在青春场域的建构与流动中的手机实践,倾听来自他们的主体性声音,尝试剖析青春场域所呈现出的独特逻辑,发现乡村青少年们在青春场域中"内隐或外显的意义与价值"[44]的生产。

三、研究问题与研究设计

基于文献回顾、框架提炼与研究目标的确定,本研究提出以下两个研究问题。

研究问题1:在青春场域中,乡村青少年们进行了哪些手机实践?

研究问题2:通过这些手机实践,乡村青少年们完成了怎样的意义生产?

笔者选择了自己较为熟悉的D县L中学的学生们作为研究对象。一方面,笔者有在那里工作的经验,对相关情况较为熟悉,有广义上"返乡书写"的意味与优势;另一方面,D县地处云南省西部大山之间,于2020年脱贫摘帽,L中学则是一所普通的乡镇中学,其生源来自县城及周围山区的各个乡村,比较符合本文对研究对象的要求。而在研究方法上,笔者采用了网络民族志和深度访谈的研究方法,以滚雪球抽样的方式选择了12名初中生进行了半结构化访谈,并根据访谈内容对他们的手机使用情况、在虚拟田野上的相关实践进行了民族志考察。访谈对象资料整理如表1所示。

表1 访谈对象资料

编号	性别	出生年份	父母工作情况	兄弟姐妹情况
M1	男	2006	均在外地	有一个姐姐
F2	女	2007	均在本地	有一个弟弟
F3	女	2007	均在外地	有一个妹妹
F4	女	2007	均在外地	有一个姐姐
M5	男	2007	均在本地	有一个哥哥
M6	男	2008	母亲在本地 父亲在外地	有一个姐姐
F7	女	2007	均在本地	有一个姐姐
F8	女	2007	母亲在本地 父亲在外地	有一个弟弟
F9	女	2007	均在本地	有一个弟弟
M10	男	2008	均在本地	有一个弟弟
F11	女	2006	均在本地	有一个妹妹
F12	女	2006	均在本地	独生子女

随着调查的深入,当司空见惯的手机使用行为转化为一幅幅徐徐展开的、鲜活的媒介

实践图景,其背后深刻的社会文化纵深也开始变得逐渐清晰。

四、网络的原住民与手机里的青春期

本研究 12 名访谈对象均出生在 2006—2008 年,彼时,互联网正处于一个蓬勃发展、逐渐成为社会文化重要场域的阶段。2006 年,美国《时代周刊》将电脑屏幕上的"You"(你)评为了登上杂志封面的年度人物,提出网民正通过互联网成为"驾驭全球媒体,建立和塑造着新数字民主"[45]的重要力量。在同一年的中国,由中华全国新闻工作者协会主办的第 16 届"中国新闻奖"首次将网络新闻作品纳入评选,有 13 件网络新闻作品获奖,"互联网作为主流媒体地位得以确立。"[46]。由此可见,自这些乡村青少年们出生起,互联网就已经成为社会主流力量之一,他们是当之无愧的"互联网原住民"。而他们进入中学、步入青春期的时期,又内嵌于智能手机迅速发展、迅速普及、相关产业在国家扶贫工作中逐渐下沉、进入乡村社会的时代背景之中。因此,智能手机与互联网技术,深度嵌入与全程伴随这些乡村青少年们生命历程中的绚烂阶段,形成了特殊的青春场域。

他们已经理所应当地认为手机应当就是智能手机的模样。他们的共同认知是"我印象里的手机一直就是智能手机里的样子"(M1,2022.5.14)"爷爷奶奶用的那个叫老年机"(F3,2022.5.14)。在周末及其他假期中较为有限的时间里,他们主要用手机进行娱乐与放松,有时也需要通过手机查看和完成老师布置的各种作业和其他任务。

总体而言,手机以一种较为饱和的方式占据了他们的时间,成为各种行为的硬件载体或伴随性媒介:"我一回家就会先刷一会儿手机,休息好了再写作业。"(F2,2022.5.14)"写作业的时候我会用手机听歌,听歌能让我变得更加专注,提高我学习的效率。"(M1,2022.5.14)"写完作业我就会开始躺在沙发上或床上看小说、看漫画,一看就停不下来。"(F8,2022.6.3)"爸爸妈妈不让我熬夜玩手机,但是当小说看到一半不让我看的时候,会特别难受,就会偷偷熬夜看。"(F9,2022.6.3)"我睡觉的时候会用手机听歌,听一会儿就会睡着。"(F11,2022.6.4)……根据这些朴素而详尽的描述,他们的生活已然被手机深度嵌入,呈现出一种全程伴随、难以分割的状态,成为青春场域的表征。

而从手机软件的角度看,他们在使用手机时主要集中于以下一些软件:通信类的 QQ、微信;短视频类的快手、抖音;音乐平台类的 QQ 音乐、网易云音乐和酷狗音乐;视频平台类的爱奇艺、芒果 TV 和腾讯视频;游戏类的王者荣耀、和平精英等。在不同的软件上,他们各自带有不同的目的,折射出青春场域中不停流动的关系、青春期心理变化与亚文化的融合、新型青少年文化的形成等复杂的问题,需要一一进行还原与拆解。

在访谈和对应的观察中,本研究发现这片青春场域上的手机实践可以被拆分为线上聊天、自我展演与游戏共玩三种类型,各自指向着不同样态的青春流动与意义生产。线上聊天体现着青春场域中的交往经验与该场域本身的流动特性,自我展演体现着青春场域中虚拟资本的自我积累逻辑,游戏共玩则凸显出青春场域中的数字惯习,三种类型的行为以布迪厄方程的形式,共同形构出了乡村青少年们在青春场域中的手机实践。

五、"聊":青春场域的交往经验

在诸多手机使用行为中,最多被受访者谈及的就是"聊"。"聊",即线上聊天,是现实互动、人际交流向网络空间的迁移,也是他们社会交往中最为显著的一种行为模式。通过线上聊天,乡村青少年们在青春场域中建立起了一种时而快乐、时而温馨、时而妥协、时而对抗的互动机制。如此丰富的社交模式与交往经验在现实的家庭场域、校园场域中尚未出现,在青春场域中却已然开始。

1. 校园场域的趣缘延伸

线上聊天中出现最多的,是生活趣事、搞笑视频和游戏视频的分享。无论是自身趣事的分享,还是媒介化内容的转发,都使得青春场域成为校园场域的趣缘延伸。

线上聊天"作为不在学校见不到面的一种替代"(M5,2022.5.20),填补了青少年们周末生活里同学、朋友的缺失。据受访者们介绍,娱乐化的内容是最主要的聊天素材:"主要跟同学聊各种各样好笑的事情,也很喜欢分享快手上看来的搞笑视频或者游戏视频,都是放松的方式,聊这些我们很开心。游戏视频分享以后,大家一起打的时候还会一起练一练,效果蛮好的。"(M5,2022.5.20)"跟闺蜜的话主要就是聊搞笑的东西,有一些是从快手上看到的很好玩的视频,就会发给她们一起笑一笑,还有就是自己生活中的有意思的事情,也会跟他们分享。"(F7,2022.6.3)"基本上就是聊有意思的事情,其实就是各种八卦嘛,回家了见不到,又想分享,就只能在手机上了。"(F4,2022.5.14)部分同学的聊天内容还会与自己的兴趣爱好高度相关,如F2和F8就经常在QQ上聊最近看的漫画:"聊漫画的话都是和同样喜欢漫画的人一起聊天,聊一些在看的动漫和漫画,主要聊剧情,F2偶尔会跟我聊技术上的事,吐槽哪些漫画画得不好看。"(F8,2022.6.3)

这些聊天既是他们朴素的放松、娱乐的途径,也是想象世界的一个窗口。例如,在诸多搞笑视频中,火遍全国的快手短视频"我是云南的"及其衍生的短视频作品同样在D县的青少年中受到欢迎。他们在互相转发"我是云南的""我是D县的"等短视频时,总会对云南方言、D县本地方言在全国的传播产生一些有趣的想法:"原来我们的方言这么受欢迎。"(M5,2022.5.20)"我在'我是云南的'那个视频下面艾特(网络语,@的音译)了好多朋友,然后写了一条评论,我说如果青蛙叫作欧巴,那么韩国的帅哥到我们云南就是青蛙了哈哈哈哈,云南话真的很好笑"(F9,2022.6.3)……也有受访者会在视频分享中产生对非乡村空间的文化想象与对逆袭的向往:"我关注的很多网红都是跟我一样来自小地方,自己努力出克(出去)工作、打工、苦钱(赚钱),然后在生活之余拍拍快手的,我看他们的视频的时候能看到很多没见过的大城市的风景,我还是很向往的,我也很想闯出去走走。"(F3,2022.5.14)

同时,青春场域中的线上聊天并不只停留在线上,也会发生从线上到线下的流动。具体而言,此处的"聊"具有"约"的性质。比如,F2和F8都住在R镇,家离得比较近,就会经常利用QQ聊天,共同约定一个时间到F2的家中一起写作业或者打游戏;F9会在微信上联系隔壁班的好朋友,一起出门拍照,或者相约买菜,回到家里做饭;M5也有通过微信、QQ

约附近的"小伴儿"(小伙伴)轮流到各自家中打游戏的经历。项飙认为,今天公众对世界的想象同时被非常近(自我)和非常远(想象中的"世界")所占据,忽视了两者之间的"附近",而"附近"是一个能使人们对现实有细微的理解,并促进新的社会关系和行动的空间与视野[47]。从这一角度看,青春场域通过"聊"重建了对"附近"的想象,使在校园场域中形成的关系在"线上—线下"的循环往复中不断加强。

2. 家庭场域的仪式重构

青春场域中的"聊"还能为维系家庭场域运行、重构温馨仪式提供支持。与校园一样,家庭也是乡村青少年们日常生活的重要场域,但在D县,有许多青少年的父母在外地务工,其中又有相当一部分属于父母均在外地的"双亲留守儿童"。对他们而言,传统的家庭场域被地理距离所解构,此时手机作为实现远程家庭传播的技术基础,成为重塑家庭场域、重构家庭传播仪式的重要媒介。家作为"心安之所"的精神意义,亦成为一种传播研究的新视角[48]。

曾有学者提出,跨国家庭能够通过虚拟的ICT媒介共现(Information Communications Technology Co-presence)实现关于家庭的想象[49]。在智能手机和通信软件的功能已经非常强大的今天,ICT媒介能够实现更为便捷和具象的共现。乡村青少年与父母之间的视频聊天成为这种家庭想象最显性的表征。16岁的M1父母均在外地务工,姐姐也在外地上大学,他一个人居住在老家生活。父母大约一年才回家一次,姐姐则大约半年回家一次,因此,每个周末的微信视频聊天就是他们一家沟通与交流的温馨仪式:"每个周末我跟爸爸妈妈会聊半个小时以上,跟姐姐还会单独聊一个小时左右,最近学习、生活的状态,开心不开心的事情都会跟他们讲讲,一般跟爸爸妈妈说的都是比较正面的事情,跟姐姐的话共同语言更多一点,也会多讲一点。"(M1,2022.5.14)15岁的F3父母也均在外地,每周末她都会和爷爷、奶奶、妹妹一起,与父母进行一个小时以上的全家视频聊天:"一般都是带着一大家子人一起跟他们视频。如果他们都在一起就一起聊,如果他们分别上白班夜班的话,就分别聊一次。微信视频真的挺方便的,不然就真的一年到头都见不到爸爸妈妈了。"(F3,2022.5.14)F4与身在外地的父母之间的视频仪式则是按次序进行的:"每周会和父母视频聊天,家里人轮着来,先奶奶、后姐姐最后才到我,时间一般半小时以上,主要聊家常,还有学习情况。父母嘛,一年才回来一次,所以平时肯定要聊视频的,还好现在有手机,不然很难见到。"(F4,2022.5.20)尽管不同的家庭有截然不同的视频聊天习惯,但他们视频聊天行为的核心诉求和最终目的都是青春场域的交往习惯,重新连接被地理因素阻隔的亲情关系,通过仪式化的行为重建出一个家人均在身旁的虚拟家园。

如果更广义地进行理解,"聊"还可以衍生为通过家庭内的沟通,进而对家庭生活进行参与。在青春场域中,孩子们能利用手机以积极的行动者姿态帮助处理家庭中的各种事务。比如F3就会在手机中登录她父母的账号,为家里购置日常用品:"现在D县收快递蛮方便的,家里有时候会让我从网上买东西,包括日用品,也有姑姑理发店里需要的东西。用的当然不是自己的钱,爸妈直接会让我登他们的账号,然后去买。因为现在家里,妹妹太小,爷爷奶奶的手机用不太来,姑姑开店忙,所以这个任务就是给我的。"(F3,2022.5.14)国外有学者将这种因媒介使用而增强的亲子间沟通与照料归纳为强化型媒介共现[50],亦有国内的质性研究进一步认为,这种强化型共现会更明显地在出现在独自留守的女孩身上[51]。本文的访谈印证和发展了这一结论,青春场域能够以强化型共现的形式巩固和丰富家庭场域。

这样的现象同样出现在父母均在家乡的青少年们身上。F2的父母在家乡经营一家小型家具厂,一家四口居住在一起。周末,F2常常会为父亲在抖音上发布的短视频广告提供帮助,也会在手机上为年幼的弟弟找动画片,一家人也常常通过手机投屏一起在家里看电视:"弟弟在家里的时候我也会帮他找动画片之类的看。我弟弟看这些东西的兴趣特别像一个女孩子,比如他很喜欢看《巴啦啦小魔仙》。他闹着看的时候,我没办法,只能找给他看。爸妈不忙的时候,我也会投屏到电视上,一家四口一起看。……一家人一起看的时候,会边看边聊天、边评价,还是蛮幸福的。"(F2,2022.5.14)从媒介研究的角度看,这一现象是日常生活与媒介使用共生的一种体现。手机小屏上的内容通过投屏技术转移到电视大屏上的过程,既是一种媒介的转化,更是一种观看行为、空间关系甚至权力结构的转换。麦奎尔曾经将媒介之间的差异总结为:家庭之内还是家庭之外、个人使用还是经验分享、公共的还是私人的用途、互动还是非互动[52]。按照这种观点,在观看上,手机属于移动性、个人性与私密性的媒介,而电视则属于家庭性、分享性与公共性的媒介。当投屏技术实现了手机小屏与电视大屏的连接与转换,家庭关系也由手机时代的"各自为战"暂时复古地变回了电视时代的"共同观看"。通过青春场域的能动介入,乡村青少年们与自己的家人们结成了一种电视社会学意义的"观看共同体"[53],创造性地为家庭场域温馨仪式的建构提供了契机。

3. 家校之间的中介场域

青春场域中的"聊"还成为家庭场域、校园场域之间积极流动的中介,架构着家校之间的联系。在L中学,每个班都有自己的微信群,老师们经常会在群里发布作业与其他任务。与我们通常规印象中只由老师与学生的主要监护人组成的"家长群"不同,L中学的这些微信群在人员构成上有着"扩大化"的特点。这些青少年们的哥哥姐姐、爷爷奶奶甚至他们自己,也都会加入这些群聊,共同接收消息,完成各种任务。老师们会在群聊里反映问题,供家长自行批评教育,"家长们"也会在群聊中对老师表达感谢、疑问或质疑。以手机为媒介的多元互动使得家庭场域与校园场域之间有了交流的可能,不在家的父母也能有办法了解到孩子的状况,有途径实现对孩子的管理与照料。

然而,受制于数字素养等多种现实条件,许多家长并不能在第一时间接收到信息并处理任务。因此,单纯依靠群聊中家长与老师的沟通并不能完全解决问题。在这个时候,流动的青春场域就起到了中介的作用,在家庭场域与校园场域之间往复流动,协助信息的传递。F9就是经常活跃在微信家长群和QQ班群之间的"信息搬运志愿者":"平时像微信家长群里布置的作业、发的任务,我和几个同学会很自觉地把东西转发到我们的QQ群里,怕有的同学家长不看。"(F9,2022.6.3)F12也表示,在班群里经常有同学错过了家长群里的消息,转而在QQ班群询问作业,别的同学就会把作业布置的详细情况转发到QQ群里进行解答。此时,青春场域并非家庭场域和校园场域互动沟通的旁观者,而是渗透在两个场域之间的能动中介,协助完成信息的传递与意义的共享。

不过,青春场域中的"聊"在两者之间起中介作用的时候,并不总是积极顺从的,经常会出现戏谑甚至对抗的态度。例如,以吃瓜心态观察家长群中的"人生百态"。5月,她班级一位男生的爸爸以非常激动的情绪在班群中骂脏话,怀疑学校的值班领导将他儿子的牙齿打掉了。后来经过医学鉴定,牙齿掉落的原因是蛀牙,并非体罚所致。在该家长大发雷霆,并扬言要花钱找人上学校闹的时候,班群中的内容被同学们纷纷截图转载至QQ群,进行了很多讨论:"班群里也会吃瓜,上次我们家长群里一个男生他爸爸在那边发脾气骂脏话,跟学校闹,我们也会在自己的QQ班群里讨论这个事情,也说不清谁对谁错,就是吃瓜群众的心态,当然后来证实这是个误会,老师在周一也公开跟大家讲清楚了,就不再说这个事情了,但这个事情还是很搞笑的。"(F9,2022.6.3)而该班家长群中的内容,还在L中范围内迅速发酵,发生了扩散性的传播,许多班级同学们都很快地知道了这件事情,并在各自的QQ群里讨论此事。隔壁班的F4甚至在接受本研究的访谈时,将包含最具爆炸性内容的几张聊天截图转发给了笔者,以"给你看个好看的"为名邀请笔者共同"吃瓜"。在讨论中笔者发现,大多数同学都是因该家长的言论好笑而参与讨论与分享。总体上,这些乡村青少年们对此次事件背后的家校关系、教师的管理尺度等问题并无认识,只是觉得在家长群这样充斥着作业与任务的严肃空间中,言辞激烈的质疑与抨击,以及满含脏话的大段语音的出现,是一种奇特、好玩、值得分享的"好瓜"。而在"吃瓜"过程中,他们能够体会到一种解构权威的僭越快感。

在老师假期家访时,青春场域中的"聊"则更多地体现出对抗的特色。此时的QQ群就会成为"信息情报组织",而此时的"聊"则起到了"通风报信"的作用,青春场域就此由中介场域转为"敌后电台"。总会有同学在群里汇报班主任家访的进度,提醒下一家或下几家同学做好准备,抓紧把作业补完:"寒假快结束的时候,好多人的寒假作业都还没有完成,这时班主任老师开始挨家挨户进行家访,大家都很害怕,所以我就在群聊里面组织了一下,让大家都知道班主任现在到哪家了,好让下一家做好准备。有点游击战的感觉。"(F3,2022.5.14)F8与F2也有类似的经历,在看到班群中的班主任的家访情况后,F8跑到了F2的家中,两人一起从早到晚地补作业,最后在班主任到达前将寒假作业成功地补到了要求的进度。从家访时QQ群的功能可以明显看出,当有紧迫的"大事"到来的时候,青春场域就会快速凝结起来,使用"聊"的方式,形成对抗老师检查的一种手段与力量。

六、媒介化展演:虚拟资本的自我生产

青春场域中手机实践的第二种类型,是社交平台上的自我展演及其衍生的互动。与研究前笔者的预测不同,乡村青少年们进行自我展演与社交互动最多的平台并不是QQ空间,也不是微信朋友圈,而是快手。

在快手上,他们通过形式多样的手段进行着交往与互动,积累着点赞、评论、粉丝量等虚拟资本,形成了青春场域中的同龄人狂欢。例如,在主页关联与自己关系亲密的账号,打

上兄弟、姐妹、"恋人"等标签,并予以展示,吸引认识自己的人来"互关互赞"(M6,2022.5.20);发布自己的自拍与记录心情的文字;还会经常出没于许多视频的评论区,在评论中艾特自己的同学、朋友,实现视频的分享。根据观察,校园场域中的现实关系与青春场域中建构出来的关系,有着高度的同构性:"同学、朋友的自拍我也会看看,比较熟的、处得来的同学我会关注、点赞什么的,其他的我刷过去就算了。"(M5,2022.5.20)"快手上有很多同学会发自己照片。我觉得他们拍得也没那么好看,但我都会点赞,毕竟都是同学和朋友嘛,关系要处好。"(F11,2022.6.4)"他们主要发自己照片,配上一些伤感的、矫情的那种文字。有的同学的照片挺好看的,有的一般,但我都会点赞的。"(F7,2022.6.3)"他们发的大多数都是自己的照片啊、日常生活啊、出去玩的风景这些,还有秀恩爱的东西,我最喜欢看他们秀恩爱的东西,因为那样我就可以掌握八卦,回学校就有东西可以聊了。"(F8,2022.6.3)有时,快手上的内容也会流动到线下的校园空间,成为他们再次见面时的谈资:"我会看同学的快手,看到有意思的,我还会在回到学校后追问,上周有个男生发了一个戴帽子的自拍,我就回学校调侃他,故意跟他说'帽子挺好看啊'之类的。"(F2,2022.5.14)在观看、展演、点赞和评论中,乡村青少年们在快手上建成的青春场域中打造了独特的文化空间,线下关系可以"上传"到这个空间之中,线上的意义生产又能反向激起线下关系的新一轮互动,关系在流动中加强,场域在互构中壮大。

而从内容创作的角度,乡村青少年们在青春场域中以自我偶像化的逻辑完成了数字形象的塑造。在受访者中,F9是粉丝规模最大的一位,目前她有一千多位粉丝,算是班里的"小网红"。F9经常在快手上发布自己的照片和生活日常,每一次都会认真地进行设计:"我是会精选照片的,然后拿好几张照片拼起来。音乐也需要精选,有时候从自己喜欢的歌里面挑,或者问同学求推荐。文案的话一般都是从快手上面找,自己改一改。大家给我评论的话我都会认真地去回复的。"(F9,2022.6.3)类似的内容生产在L中学生们的快手中非常常见,有着统一的套路:数张自拍再经过P图的照片、一段流行的音乐,再配上从快手中摘抄修改而成的青春伤痛文案。这些规模化、套式化出现的作品杂糅了"土味青春""洋味音乐"和"伤感文学",勾勒出青春场域中最受朋辈欢迎的一种数字形象,承载着乡村青少年们自我想象的世界。在这个世界里,他们都是评论中大受欢迎的"帅哥""美女""宝"和"宝贝",暂时脱离了学业的压力和学校的管理,也避开了微信朋友圈中"老是说我们"(F9,2022.6.3)的家长和老师,在同龄人仪式性的恣意狂欢中获得了带有数字时代烙印的幸福感,在贫瘠青春中实现了虚拟资本的自我生产。

在过往对青少年文化的考察中,虚拟资本的积累、青春幻想的寄托与数字化幸福感的获得通常是通过"追星"实现的。参与式的粉丝文化与青春期的碰撞,能够为现实中青春主体的迷惘、抗争与自我实现的不完美打开一个可供情感安放的移情文本[54],进而形成情感的"媒介书写"与"行为展演",寄托着"偶像"和作为每一个"小小的我"的粉丝的支持之间奇特的青春想象与羁绊[55]。而在本研究所关注的青春场域上,D县乡村青少年们类似的情感实践却不需要借用外在的"偶像",因为他们利用手机与新媒体技术这一新的"自我技术",使新的自我关注与自我创造成为可能[56],将自己打造成了偶像。快手上自我偶像化的内容产值与积极互动,描绘出了乡村青少年们在青春场域中积累文化资本,进行主体参与和意义生产的生动过程。

七、游戏共玩:数字习惯的青春样貌

青春场域中手机实践的第三种类型是游戏共玩,即受访者口中的"一起开黑"。麦克卢汉认为,"游戏既是人们解释与补足日常生活意义之直觉的延伸,也是多人公共参与中社会自我的延伸[57]"。因此,青春场域中的游戏共玩,综合与发展了多种数字媒介中的意义生产模式[58],具有许多可供思考的研究切入点,成为本研究考察青春场域中数字习惯的理想视野。

从社交维度看,青春场域中的游戏共玩行为是数字化交往习惯的一种投射。有相关研究表明,游戏世界可以通过视觉化身和听觉亲密增加人际交流,促进彼此的了解[59]。而本研究发现,在这些青少年的身上,游戏社交中的听觉亲密会体现得更为明显一些。除去自诩性格较为内向的 M6,余下所有爱玩游戏的受访者都表达了对"开麦"游戏的喜爱。这种喜爱一方面源自"开麦"后更好的游戏体验与游戏效果,更重要的原因则是"在场感"的建构:"我平时主要玩《和平精英》和《王者荣耀》,主要和认识的同学与朋友打,比较习惯连麦游戏,那样可以商量着来,效果比较好。不过打游戏主要是想放松,输赢无所谓,游戏打得多了,和同学的关系只会变好。"(M1,2022.5.14)"我在家玩的话,会开麦玩,游戏效果不是最重要的,这样打游戏的时候也能聊天,就好像同学在自己家玩一样。"(M5,2022.5.20)"我打游戏会开麦,但会额外在后台用 QQ 或者微信聊着来打,这样我们的交流就不会被对手听到,也不会被有的素质低的人骂。但如果一起玩的人很多,就会在游戏里开麦了。开麦可以让游戏效果变好,也可以让我们玩得更开心嘛。"(F9,2022.6.3)游戏共玩中的"开麦",是乡村青少年们追求在场感、沉浸感体验的数字交往习惯的一种具象体现。

从性别维度看,青春场域中的游戏共玩也可以是一窥乡村青少年性别意识、性别认同的窗口。有学者在对游戏研究进行综述时指出,"游戏研究中和性别相关的议题主要集中在两大方面:游戏文本中的女性身份呈现;男性游戏类型占主导的产业特征[60]"。本研究却在与受访者的交流中,发现了游戏中新的性别现象的存在:在青春场域中,乡村青少年们会为游戏打上性别化的标签,并根据自己对不同类型游戏的喜爱揣测自己的性别认同。根据受访者的描述,在 L 中学,最受男生欢迎的游戏是《王者荣耀》与《和平精英》,"有对抗,有打打杀杀"(M10,2022.6.3);而最受女生欢迎的则是《原神》和《光域》,"属于跑图类游戏,比较治愈,比较轻松"(F8,2022.6.3)两类游戏就此被稍显刻板地分出了性别,这给部分同时爱玩两种游戏的受访者带来了一定性别认同方面的困扰。F8 就在访谈中直言,"《王者荣耀》《和平精英》这种男生型的;《光域》这种女生型的我都爱玩,都会分别找班里的男生和女生去一起玩。我甚至有时候觉得我自己不男不女的"。(F8,2022.6.3)尽管这样的性别思考略显稚嫩与简单,但给游戏做性别划分,并通过游戏来观察与纠结自身的性别归属,都是长期的数字化生活所形塑的惯习。

而从更宏观的、游戏的社会化角度看,游戏共玩以数字惯习为基础,开辟出了青春场域中与众不同的一片乌托邦。有学者认为,互联网和移动端游戏的发展,另曾经"脱嵌"的、"非社会化"或"个人化"的单机游戏,重回"社会化"的轨道[61]。在这个多人参与、充斥着符号互动与数字化身形构、伴随着游戏趣缘子群不断组织化的"社会"中,游戏共玩以与成年男子之间"递烟社交"类似的方式[62],建构起了独属于乡村青少年的共同感。在这片以共同感为黏合、以青春场域为土壤的乌托邦中,乡村青少年们会将游戏中使用的角色作为标签化的身份标识,在游戏共玩中谋求更好的效果:"打《王者荣耀》得和男生凑阵容,因为我能打法师能打射手,就是不会打野(游戏名词,意为全局游走消灭野怪),但我们班有个男生,他就是我们所说的野王。所以我喜欢跟他一起打游戏。"(F8,2022.6.3)会将游戏段位或战绩作为值得骄傲的虚拟资本转移到QQ空间或快手平台上进行展示,并从中获得快乐:"我的快手里面基本上是发游戏战绩,主要为了自己开心,其次也是真的想分享"(M6,2022.5.20);也会把打游戏的水平作为一个重要的指标,决定自己对不同游戏的喜爱程度:"《和平精英》和《王者荣耀》这些,我玩得不好,但还算不上坑队友吧……但《原神》我玩得太菜了,所以不太忠于玩它。"(F9,2022.6.3)在游戏共玩所形成的乌托邦里,乡村青少年们解构了家庭场域、校园场域中的规则与规训,学习成绩、听话程度在这里被游戏水平、游戏中的角色化身所取代,形成了数字惯习对乡村社会生活日常的抵制与超越。

八、结语:"双刃剑"迷思中的乡村青少年手机实践

通过倾听青少年主体的声音,综合上述的整理与分析,本研究发现,D县青少年们在手机使用中表现出了强大的意义生产能力,他们通过手机,建构出了一个具有青春性、流动性和多样性的青春场域。他们在这一中介型场域中完成了多种类型的实践,实现了虚拟资本的积累与数字原住民习惯的养成,并发展出了对乡村以外世界的想象与向往。这一发现,既填补了我们对乡村青少年数字生活观察的不足,也突破了相关研究中成瘾话语的桎梏,形成了一种独特的文化解释。

在一定程度上,本研究所展示的乡村青少年鲜活的媒介实践图景反映了国家精准扶贫的成果,也让人看到了城乡间数字鸿沟弥合的一种可能。然而,在这些正向发现的背面,仍有悬而未决的问题与引而未发的危机。例如,尽管受访青少年们都能较为清楚地表述出"手机是把双刃剑"(M10,2022.6.3)这一来自老师和教科书的经典观点,但在具体落实上,他们还是很难做到真正的自律与扬长避短。F2就在访谈中直言不讳地说道:"很认同书上说的双刃剑之类的说法,但觉得自己做得不够好,如果没有爸妈管着的话肯定会只玩手机不学习了。"(F2,2022.5.14)根据他们的描述,在L中仍有人不顾学校的管理规定,"把手机藏在衣服或者鞋子里面,带进学校"(F4,2022.5.20);仍有人将父母的干预与提醒抛置脑后,在被窝里与手机共熬长夜,"忍不住熬夜玩手机……不知不觉就看到半夜了,有时候也会边看边睡着"(F9,2022.6.3);仍有人将数字学习的内涵矮化为数字抄袭,将从互联网或其他同学处获得知识化约为直接获取答案……

当城乡间的数字鸿沟初步有了弥合契机的时候,这些横跨在理念知晓与具体落实之间的新鸿沟再次使得乡村青少年们对手机的合理使用面临重重障碍。陷落在"双刃剑"迷思中的乡村青少年手机实践显然还需要更多的数字素养教育或研究来作为接合与引导。如何引导他们科学使用手机,充分发挥他们在手机使用中正向的意义生产能力,使本研究提出的青春场域更多地以积极向上的状态存在,正是我国脱贫攻坚战取得全面胜利之后,接续推进乡村振兴的新阶段所需要面对的新挑战。而这一挑战,既呼唤着社会环境、家庭责任、学校教育的通力合作,也呼唤着更多关注媒介问题、倾听青少年声音的研究出现。

参考文献

[1] 曲甜,黄蔓雯.数字时代乡村产业振兴的多主体协同机制研究——以B市P区"互联网+大桃"项目为例[J].电子政务,2022(1):114-124.
[2] 管成云.农村网吧里的孩子们——基于湖北省藕镇留守儿童互联网使用与社会交往的民族志调查[J].新闻学研究,2017(132):1-59.
[3] Nathan N, Zeitzer J. A survey study of the association between mobile phone use and daytime sleepiness in California high school students [J]. BMC Public Health, 2013,13(1):1-5.
[4] 苏小波.郑州市儿童青少年视力不良状况及有关危险行为调查分析[J].现代预防医学,2019,46(19):3523-3527.
[5] Polakovic G. Smartphone Use Linked to Behavioral Problems in Kids [EB/OL]. (2018-07-17)[2021-09-23]. https://news.usc.edu/146032/digital-media-use-linked-to-behavioral-problems-in-kids/.
[6] 梅松丽,柴晶鑫.青少年使用手机上网与主观幸福感、自我控制的关系研究[J].中国特殊教育,2013(9):78-83.
[7] Bhardwaj M, Ashok S J. Mobile Phone Addiction and Loneliness among Teenagers [J]. International Journal of Indian Psychology, 2015,2(3):27-34.
[8] 于晓琪,李哲能,方圆,等.青少年智能手机问题性使用与焦虑的交叉滞后分析[J].心理科学,2021,44(4):866-872.
[9] Charo M J, Chalezquer C S. Adolescentes conectados: La medición del impacto del móvil en las relaciones sociales desde el capital social [J]. Comunicar, 2017,25(53):19-28.
[10] 张凤娟.手机使用对留守儿童社会化的影响——以安徽省利辛县为例[D].厦门:厦门大学,2019.
[11] 王清华,郑欣.数字代偿:智能手机与留守儿童的情感社会化研究[J].新闻界,2022(3):37-47+94.
[12] 张叶云.短信文化对青少年社会化的影响[J].当代青年研究,2005(1):41-46.
[13] 何安明,万娇娇,惠秋平.青少年手机依赖者的心理健康状况及与生活事件、学业倦怠的关系[J].中国临床心理学杂志,2019,27(2):410-413.
[14] Méndez I, Hernández A B J, Ruiz-Esteban C. Profiles of Mobile Phone Problem Use in Bullying and Cyberbullying Among Adolescents [J]. Frontiers in Psychology, 2020,11(10):1-7.
[15] 吴涯,杨光富,张春颖.国外青少年智能手机使用的现状、危害及管控举措[J].比较教育学报,2022(1):94-97.
[16] 杨莉.小学高年级学生手机使用现状及改善对策研究[D].大连:辽宁师范大学,2017.
[17] 教育部办公厅.教育部办公厅关于加强中小学生手机管理工作的通知[EB/OL].(2021-01-

26)[2021-07-28]. http://www.moe.gov.cn/srcsite/A06/s7053/202101/t20210126_511120.html.

[18] 刘洪波. 多学科视角下的青年智能机使用行为研究综述[J]. 中国青年研究,2014(4):20-24+19.

[19] Leung L. Linking Psychological Attributes to Addiction and Improper Use of the Mobile Phone among Adolescents in Hong Kong [J]. Child and Media,2008(2):93-113.

[20] Kwon M,Lee J-Y,Won W-Y,et al. Development and Validation of a Smartphone Addiction Scale (SAS)[J]. PLoS ONE,2013,8(2):1-7.

[21] Billieux J,Linden M,Rochat L. The role of impulsivity in actual and problematic use of the mobile phone [J]. Applied Cognitive Psychology,2010,22(9):1195-1210.

[22] Singh P,Jain M. Cellphone and media usage among adolescent girls of Bhopal city,Madhya Pradesh,India [J]. International Journal of Reproduction,Contraception,Obstetrics and Gynecology,2017,6(9):3861-3864.

[23] 郑春风. 乡村家庭、儿童手机实践与父母媒介干预困境——基于GH乡的民族志考察[J]. 新闻记者,2022(2):71-82.

[24] 孙信茹,段虹. 再思"嵌入":媒介人类学的关系维度[J]. 南京社会科学,2020(9):103-111.

[25] 孙信茹. 作为"文化方法"的媒介人类学研究[J]. 南京社会科学,2019(5):113-120+156.

[26] 郭建斌. 媒体人类学:概念、历史及理论视角[J]. 国际新闻界,2015,37(10):49-64.

[27] 布尔迪厄. 文化资本与社会炼金术:布尔迪厄访谈录[M]. 包亚明,译. 上海:上海人民出版社,1997.

[28] 宫留记. 布迪厄的社会实践理论[J]. 理论探讨,2008(6):57-60.

[29] 布尔迪厄. 区分:判断力的社会批判[M]. 刘晖,译. 北京:商务印书馆,2015.

[30] Bourdieu P. The Forms of Capital [M]//Richardson J E. Handbook of Theory and Research for the Sociology of Education. New York:Greenword,1986.

[31] 刘欣. 阶级惯习与品味:布迪厄的阶级理论[J]. 社会学研究,2003(6):33-42.

[32] Yang Y. Bourdieu,Practice and Change:Beyond the Criticism of Determinism [J]. Educational Philosophy and Theory,2014,46(14):1-19.

[33] 布迪厄,华康德. 反思社会学导引[M]. 李猛,李康,译. 北京:商务印书馆,2015.

[34] Stevens M L. Culture and Education [J]. The ANNALS of the American Academy of Political and Social Science,2008,619(1):97-113.

[35] Aries P. Centuries of Childhood [M]. Translated by Baldick R. New York:Vintage Books,1962.

[36] Coleman J. The Adolescent Society [M]. New York:Free Press of Glencoe,1961.

[37] Ploug T. Ethics in Cyberspace:How Cyberspace May Influence Social Interpersonal Interaction [M]. New York:Springer,2009.

[38] 塔克曼. 做新闻:现实的社会建构[M]. 李红涛,译. 北京:中国人民大学出版社,2022.

[39] Sorokin P A,Merton R K. Social Time:A Methodological and Functional Analysis [J]. American Journal of Sociology,1937,42(5):615-629.

[40] GSDM Mieto,Rosa A. Professores em transição:produção de significados em atuação inicial na inclusão escolar [J]. Psicologia:Teoria e Pesquisa,2016,32(Special Issue):1-10.

[41] Bakhtin M. Estética da criação verbal [M]. São Paulo:Martins Fontes,2003.

[42] Kleijer H,Tillekens G. Twenty-five Years of Learning to Labour:Looking Back at British

Cultural Studies with Paul Willis [J]. Journal on Media Culture,2003,5.
[43] Willis P,Trondman M. Manifesto for "Ethnography" [J]. Ethnography,2000,1(1):6-8.
[44] 威廉斯.漫长的革命[M].倪伟,译.上海:上海人民出版社,2013.
[45] Grossman L. You. Yes,you. You control the Information Age. Welcome to your world. [J]. Time,2006(12):1-2.
[46] 陈奎功,李晓东.中国互联网发展的历史阶段划分[J].互联网天地,2014(3):6-14.
[47] Xiang B. The Nearby:A scope of seeing [J]. Journal of Contemporary Chinese Art,2021,8(2-3):147-165.
[48] 郭建斌,王亮."家"作为一种传播研究视角——基于"独乡"20年田野资料的讨论[J].新闻与传播研究,2021,28(11):49-68+127.
[49] Finch J. Family obligations and social change [M]. Cambridge:Polity,1989.
[50] Nedelcu M,Wyss M. 'Doing Family' through ICT-mediated Ordinary Co-presence:Transnational Communication Practices of Romanian Migrants in Switzerland [J]. Global Networks,2016,16(2):202-218.
[51] 胡春阳,毛荻秋.看不见的父母与理想化的亲情:农村留守儿童亲子沟通与关系维护研究[J].新闻大学,2019(6):57-70+123.
[52] 麦奎尔.大众传播理论(第四版)[M]..崔保国,李琨,译.北京:清华大学出版社,2006.
[53] 金玉萍.日常生活实践中的电视使用——托台村维吾尔族受众研究[D].上海:复旦大学,2010.
[54] 吴炜华.身体迷思、族群狂欢与虚拟亲密关系:"女友粉"的媒介社会学考察[J].华东理工大学学报(社会科学版),2020,35(3):32-43.
[55] Wu W,Wang X. Cultural performance and the ethnography of Ku in China [J]. Positions:East Asia Cultures Critique,2008,16(2):409-434.
[56] 彭兰.自拍:一种纠结的"自我技术"[J].新闻大学,2018(5):45-55+76+148.
[57] Mcluhan M. Understanding Media:The Extensions of Man [M]. New York:Signet,1969.
[58] 孙晓蓓,李泳志,李欣人.全球游戏传播的前沿研究图景[J].新闻记者,2022(5):70-83.
[59] 董晨宇,丁依然,王乐宾.一起"开黑":游戏社交中的关系破冰、情感仪式与媒介转移[J].福建师范大学学报(哲学社会科学版),2022(2):96-107+171-172.
[60] 周逵.作为传播的游戏:游戏研究的历史源流、理论路径与核心议题[J].现代传播(中国传媒大学学报),2016,38(7):25-31.
[61] 王水雄.从"游戏社会化"到"社会游戏化"——网络时代的游戏化社会来临[J].探索与争鸣,2019(10):148-156+160+2.
[62] 李涛.网络游戏为何流行于乡童世界——中国西部底层乡校再生产的日常研究[J].探索与争鸣,2020,(2):91-98+159+161.

计算传播时代身体感受力的场景逻辑与范式考察
——基于场景地理与感觉结构相联结的媒介演化视角

吕清远[①]

【摘　要】　身体感受力是传播学研究当中身体问题的重要维度，它回应了传播学研究物质性转向的身体观照，勾连了身体与心智之间的二元对立状态。本文基于场景地理与感觉结构相联结的媒介演化视角，运用网络民族志与批判性话语分析相结合的研究方法，对计算传播时代身体感受力的场景地理、媒介文化、感觉结构与存在逻辑进行了系统的考察。进入计算传播时代，基于算法逻辑的媒介系统构造了个体经验向度的私域场景，消解了大众传播时代的公众话语与媒介叙事，削弱了身体感受力的经验联结与共享基础，让私域场景中的感觉结构不断在媒介文化内爆中失去了自身的官能平衡。在计算传播背景下的私域场景中，技术日渐侵入人的身体并驯化了身体官能的感觉结构，让身体官能的感受力与媒介系统的传播力逐渐交融在一起，这也使得身体官能在资本力量的加持下不断成为媒介系统的物质装置。

【关键词】　身体感受力；计算传播时代；场景地理；感觉结构；范式逻辑

身体感受力在传播学研究中往往处于缺席及在场的状态。纵观整个传播学的发展脉络与知识谱系，身体作为一种交往互动的精神装置一直出现在传播研究的议程设置中，而身体作为一种具身体现的官能感受却未能受到传播学研究的普遍关注[1]。换言之，身体的精神维度是普遍在场的，身体的肉身维度又是极其缺席的。进入计算传播时代，基于算法逻辑与数据驱动的媒介系统让身体获得了在场化的传播体验，这也使得身体的感受力问题日渐成为人们关注的对象。然而，人们对于身体感受力的研究又集中在媒介批评与新媒体领域，考察媒介技术对于身体官能的信息刺激与传播体验，往往把身体视为生物学意义上的本质存在，又忽视寄寓在身体当中的社会文化力量，难以系统地洞察身体感受力背后的知识理路与体验逻辑[2]。为了更加系统地探究计算传播时代身体感受力的体验范式问题，本文将约书亚·梅洛维茨的场景地理思想与雷蒙·威廉斯的感觉结构学说作为本次研究的理论基础。梅洛维茨从场景地理的视阈揭示了电子媒介对社会行为的影响逻辑，强调了基于媒介系统的场景地理对社会文化的建构力与塑造力，但是梅洛维茨却对寄身于场景地

[①] 安徽大学新闻传播学院讲师，博士。

理中的官能感受缺乏进一步的考察[3]29。雷蒙·威廉斯考察了社会文化与感觉结构之间的紧密联结，认为整体的生活实践与共同的经验方式会形塑人们的社会性格，让人们形成稳定一致的感觉结构；然而雷蒙·威廉斯却将这一过程视为一场"漫长的革命"，难以让我们在"纷繁复杂"之中找到一条明晰的逻辑理路[4]。本文力图把梅洛维茨的场景地理思想与雷蒙·威廉斯的感觉结构理论联结在一起，遵从"场景地理—媒介文化—感觉结构—体验逻辑"的媒介演化路径，运用网络民族志与批判性话语分析相结合的研究方法，对计算传播时代身体感受力的体验范式与知识理路进行系统的考察。那么，计算传播时代的媒介系统构造了什么样的场景地理呢？计算传播时代的场景地理建构了什么样的媒介文化呢？计算传播时代的媒介文化形塑了什么样的感觉结构呢？身体感受力在计算传播时代的存在逻辑是怎样的呢？身体感受力与媒介、技术、文化和社会又有着怎样的紧密联结呢？

一、私域场景：计算传播时代的媒介生境与场景地理

媒介系统的演化不仅改变了智力信息的流动模式，还重塑了场景地理的底层架构。梅罗维茨通过考察电子媒介时代的场景地理，发现基于信息系统的媒介场景突破了物理的地域限制，重塑了人们的交往模式与行动结构，把人们从边界清晰的离构场景带入边界模糊的融合场景中[3]31-33。进入计算传播时代，基于算法逻辑的媒介系统重塑了电子媒介时代的场景逻辑，逐渐消解了融合场景中的经验模式与文化图景，不断将人们推向一个基于个体经验向度的私域场景。在私域场景中，算法的逻辑不断统摄媒介的信息系统，漂移的情境不断削弱场景的现实联结，抽离的时空也日渐悬置身体的感官体验。

1. 技术垄断：算法的逻辑统摄了媒介的信息系统

技术在漫长的媒介演化过程中扮演着越来越重要的角色。尤其是进入计算传播时代，基于算法逻辑的智能技术更是在媒介系统中发挥着不可或缺的核心作用。尼尔·波斯曼曾基于技术与媒介的演化来划分人类文化的历史，并将其概括为工具使用文化阶段、技术统治文化阶段和技术垄断文化阶段[5]23。在尼尔·波斯曼看来，技术本身并不是中立的，具有潜在的意识形态偏向，能够通过隐蔽的方式介入人们的生活实践和观念形态中。随着技术在媒介系统中发挥的作用日益重要，技术自身携带的意识形态也日渐渗透到人们社会生活的方方面面。在以融合场景为构型的大众传播时代，技术在媒介系统中主要扮演着工具的角色，是社会信息传递的媒介通道与物质基础。在融合场景中，虽然技术依托媒介在一定程度上拓展了自身在思想世界中的影响力，但是囿于媒介系统缺乏与生活实践之间的基础性架构，客观上局限了媒介系统在历史宏大叙事中扮演与发挥的角色功能。进入以私域场景为构型的计算传播时代，基于算法逻辑的人工智能技术逐渐统摄了媒介的信息系统，成为数字文化世界的思想中枢与操作系统。在私域场景中，技术与媒介联结在一起，在人们的社会生活中发挥着组织、连接、调度与转换的物质性作用，日渐成为人们社会生活的底层架构与基础装置。显然，私域场景中的媒介技术不仅是社会信息的传播通道，更是人们寄寓自身与展开实践的传播生态。在雷吉斯·德布雷看来，媒介技术的演化会重新结构社

会生活的实践经验与存在逻辑,改变人们的行为模式与交互方式,最终作为一种物质基础架构起与之相适应的群落生境[6]。在私域场景中,人工智能依托大数据、云计算、物联网、虚拟现实、机器学习等技术,凭借自身强大的计算机运算能力和大规模的数据处理能力,让媒介系统在用户洞察、内容生产、信息分发、效果优化反馈等方面获得了实质性的进展。在此背景下,基于算法逻辑的媒介系统日渐架构起了人们的日常生活、社会交往与兴趣爱好,成为人们展开实践与建构自我的社会装置。

2. 场景游弋:漂移的情境削弱了场景的现实联结

计算传播时代,算法逻辑支配下的媒介系统极大地缩短了信息分发与流动的时间,这也加快了媒介情境在私域场景中的切换与转化速度。场景主义代表人物欧文·戈夫曼认为,情境是人们进行互动交往和建构自我的社会框架,它为人们把握社会结构与调节自身行为提供了一个有力的抓手,让人们能够在符合社会规范的行动框架中进行交往互动与意义生产[7]212-217。在以融合场景为构型的大众传播时代,媒介场景具有鲜明的情境定义,人们也能从具体的情境叙事中"经历"现实世界中的共同经验。在融合场景中,媒介所能构造出来的情境定义是有限的,并且与现实社会有着紧密的联结。媒体机构往往需要在有限的传播资源中合理安排版面和排期,对媒介的情境定义进行严格的"议程设置"与"内容把关",进而让社会公众在共同的情境框架中共享传播叙事的文化意义。进入以私域场景为构型的计算传播时代,基于算法逻辑的媒介系统打破了大众传播时代的情境框架,让媒介的情境定义不断地在社会个体的行动逻辑与兴趣偏好中进行转换。在这一过程中,不断游弋的媒介场景虽然满足了社会个体的信息需求,但也让自身的媒介表征与现实社会的联结变得越来越弱。相较于融合场景把共同经验与社会整合作为情境定义的价值考量,私域场景则把社会个体的场景需求与主观偏好作为情境选择的内在逻辑。在欧文·戈夫曼看来,人的社会化自我是稳定一致的,而人的人性化自我却是复杂多变的,容易受到反复无常的情绪和变幻莫测的动机所驱使[7]45。在算法逻辑驱动的私域场景中,媒介系统为复杂多变的人性化自我分发了大量的信息内容,也在这一过程中衍生了大量的媒介情境。在此背景下,私域场景维度下的信息传播环境日益呈现出碎片化的特征,多元复杂的媒介情境散落在不同时空维度的个体经验中。尼尔·波斯曼把那些脱离生活经验的情境视为"伪情境",认为它们割裂了社会个体与现实世界的紧密关联,让我们赖以存在的文化世界日渐丧失了意义建构的活力[5]93-94。基于算法逻辑的私域场景看似架构起了人们进行日常生活的物质装置,实则消解了大众传播时代的共享基础,割裂了社会个体与共同经验之间的紧密关联,让媒介场景在漂移的情境中日渐丧失了自身的现实联结。

3. 经验封存:抽离的时空悬置了身体的感官体验

传播不仅是信息系统的运行与流动,还是社会经验的传递与共享。对于传播而言,时间与空间是社会经验得以被共享并保持鲜活生命力的必要条件,脱离了时空维度的传播经验极易在纷繁复杂的媒介景观中丧失自身的共享性基础。雷蒙·威廉斯把传播视为"经验之传递"的基础装置与社会通道,认为传播能够把独特的个体经验转化为共同的社会经验,为经验内容赋予文化世界的共享性基础,进而将独特的个体经验整合到集体共享的意义之网中[8]43。雷蒙·威廉斯的传播思想为我们审视计算传播时代的媒介经验提供了洞见和启发,但是我们也必须注意到雷蒙·威廉斯进行知识生产的时代背景。雷蒙·威廉斯之所以坚信媒介传播对于经验传递的社会意义,是因为大众传播时代的媒介经验预设了一维的线形时空构造,媒介传播与现实世界之间具有共同的经验基础。在以融合场景为构型的大众传播时代,媒介传播具有鲜明的时间与空间维度,能够把独特的个体经验镶嵌在历史的宏大叙事中,进而让人们在统一的时空维度中共享同一种社会经验。进入以私域场景为构型的计算传播时代,基于算法逻辑的媒介系统逐渐抽离了融合场景中的时空维度,将社会个体的媒介经验作为信息分发的内在逻辑,这也使得私域场景中的共享性基础逐渐式微。无独有偶,安东尼·吉登斯则把"经验之封存"视为时空抽离的潜在后果,认为随着抽象的技术体系协同日常生活发挥越来越广泛的作用,这种抽象体系会具有越来越强烈的内部指涉性,进而逐渐削弱自身与外部世界的现实连接[9]。在私域场景中,计算传播背景下的媒介系统具有一套基于算法逻辑的信息分发体系与价值评估指标,并且逐渐将人们的社会互动与生活经验纳入这一抽象体系中,让人们在"网络用户"的主观体验中不断沦为"数字劳工"的媒介现实。可见,基于算法逻辑的媒介系统不仅在抽离的时空中割裂了自身与现实社会的紧密联结,也在技术体系的内部指涉中悬置的身体的感官体验。在理查德·桑内特看来,脱离经验的传播会让心智与身体产生分离,最终导致心智的建构力逐渐排挤了身体的感受力[10]。总之,计算传播时代的私域场景抽离了传播本身固有的时空维度,把社会经验封存在技术体系支配的媒介系统中,让身体的官能体验在抽象的算法逻辑中不断式微。

二、文化内爆:私域场景构造的知识图景与媒介文化

媒介系统的传播模式构造了场景地理的底层装置,而场景地理的实践逻辑又建构了媒介文化的知识图景。梅洛维茨认为场景地理与社会文化之间存在着一种动力机制,场景地理的演化逻辑会重塑社会文化的观念形态,进而改变人们的交往方式与话语秩序[3]41-42。计算传播时代,基于算法逻辑的媒介系统构造了个体经验向度的私域场景,逐渐消解了大众传播时代的话语实践与传播叙事,让媒介文化不断在抽离的时空与断裂的经验中走向了内爆。尼尔·波斯曼曾在《娱乐至死》中预言了一个"躲猫猫的世界",认为信息符码的大量增殖会割裂媒介叙事的连续性,导致文化意义的衰竭与社会信仰的式微[5]95。时至今日,尼尔·波斯曼的预言在计算传播时代的媒介图景中演化成了活生生的现实,算法逻辑支配下的私域场景逐渐消解了公众话语的连贯性与媒介叙事的完整性,让计算传播维度中的媒介文化越来越缺乏共享性的基础。

1. 话语断裂:基于智能分发的媒介系统割裂了话语的连贯性

话语是形塑客观世界的物质性力量,它不仅流布在媒介系统的信息网络中,还渗透在社会生活的方方面面。米歇尔·福柯把话语视为系统地形塑言说对象的社会实践,它本身具有一套排斥机制与规则系统,能够对现实世界的认知对象和行为主体产生规训性影响[11]。在米歇尔·福柯看来,话语不仅是一种陈述机制,还是一种权力效应,能够对现实社

会的知识生产与意义建构产生物质性的社会效力。对于传播而言,信息编码本身就是一种话语的建构。媒介系统通过裹挟信息符码,能够作为一种话语形态渗透到人们的日常生活场景中,进而对人们的社会生活产生潜移默化的影响力与建构力。在以融合场景为构型的大众传播时代,媒介话语是建立在社会公众的共同经验基础上,具有内容的连贯性与意义的整饬性,实质上是一种能够被社会大众所共享的公众话语。在融合场景中,媒介系统为了追求内容的完整性与意义的共享性,往往对公众话语的规则系统进行严格的限定,让公众话语在连贯的媒介叙事中建构社会生活的实在意义。进入以私域场景为构型的计算传播时代,基于算法逻辑的媒介系统摒弃了话语体系的共享性特质,把媒介话语从共同经验向度的公众话语转化成了个体经验向度的个性话语。相较于融合场景中的"议程设置"与"层层把关",私域场景中的话语体系具有鲜明的技术垄断特征,它把信息的智能分发作为话语的生产逻辑,并将其应用到媒介用户的各个使用情境中。在私域场景中,媒介系统为了满足与社会个体进行个性化沟通和满足行为主体的场景需要,不断地对媒介用户的人口属性、环境特征、实时状态、浏览行为、兴趣爱好等数据进行挖掘,进而依托算法逻辑为其匹配和分发相适应的信息内容。在此背景下,私域场景中的媒介话语日渐呈现出碎片化的特征,用信息流、短视频、小程序等话语形态割裂了公众话语的连续性与整饬性。在尼尔·波斯曼看来,支离破碎的媒介话语不仅改变了公众话语的连贯形态,还改变了话语本身的文化性质,让私域场景中的信息内容逐渐抛弃了逻辑、理性与秩序的话语特质[5]119-125。可见,基于智能分发的媒介系统不仅割裂了话语形态的秩序边界,也消解了话语自身的实在基础,让碎片化的媒介话语在个体经验向度中日渐丧失了自身的社会效力。

2. 叙事解构:基于千人千面的传播模式消解了叙事的完整性

从历史的时空维度来看,传播的话语联结本身就是一种媒介叙事。叙事让传播将媒介系统与现实社会通过"讲故事"的方式联结在一起,为历史事件、社会互动和行为结构赋予了秩序与意义。詹姆斯·凯瑞把传播视为一场基于媒介叙事的社会戏剧,它把社会结构与生活经验裹挟在自身的话语体系中,并通过仪式化的传播实践让社会现实得以不断地生产、维系、修复与转换[12]。在以融合场景为构型的大众传播时代,媒介叙事是在全体社会成员的共同参与见证下完成的。媒体机构为了保证媒介叙事的完整性与有序性,往往要对媒介事件进行精心策划与仔细安排,具有明显的人为特征。丹尼尔·戴扬与伊莱休·卡茨考察了电视时代的媒介叙事,认为媒介事件是一场面向社会公众的"文化展演",它需要在"叙事脚本"与"议程框架"的人为安排下进行,并通过宣传策划来"邀请"一定意义上的社会成员参与进来[13]。显然,融合场景中的媒介叙事具有一套完善的操作流程与叙事框架,在一定程度上保证了传播叙事的意义完整性与现实联结性。进入以私域场景为构型的计算传播时代,抽离的时空与漂移的情境削弱了媒介叙事的物质性基础,让基于算法逻辑的媒介叙事在千人千面的传播模式中变得日益离散化。在私域场景中,基于算法逻辑的媒介系统改变了传统的信息传播模式,让信息传播从统一的媒介策划走向今天的个性化沟通,在这一过程中,媒介系统的叙事逻辑也发生了实质性地改变,从集体共享的宏大叙事转变为个体经验的微观叙事。相较于融合场景中的宏大叙事,私域场景中的微观叙事突破了一维的历史时空限制,让人们能够在多维的延展时空中展开自身的媒介经验,这也使得计算传播维度下的媒介叙事呈现出千人千面的多元面向。千人千面的媒介叙事虽然提高了信息传播的精准性与互动性,但也让媒介叙事的完整性与共享性在多维的时空向度中变得支离破碎。在算法逻辑支配的私域场景中,解构的媒介叙事难以在文化世界中结构人们的社会经验,极易让传播的意义在纷繁复杂的信息图景中走向内爆。

3. 景观丛生:基于数据驱动的符码增殖吞噬了意义的共享性

计算传播时代,基于算法逻辑的媒介系统逐渐割裂了话语的连贯性与叙事的完整性,消解了大众传播向度中的现实联结与物质基础,让快速增殖的信息符码在数据的驱动下不断吞噬了意义的共享性。斯图尔特·霍尔认为文化涉及共享的意义,它承载着全体社会成员的集体记忆与共同信仰,是人们进行社会交往与调节自身行动的意义之网[14]。在斯图尔特·霍尔看来,文化意义的建构必须植根于共同的社会经验与共享的表征系统,这样才能将文化意义镶嵌在我们赖以生存的社会系统中,使其成为社会公众普遍共享的文化契约。在以融合场景为构型的大众传播时代,媒介系统中的传播叙事具有统一的时空构造和共同的经验基础,能够让全体社会成员在彼此共享的文化系统中获得符号表征的社会意义。进入以私域场景为构型的计算传播时代,抽离的时空与漂移的情境割裂了媒介系统与现实社会的紧密联结,让媒介系统中的传播叙事在圈层化、场景化与碎片化的数字环境中逐渐丧失了自身的共享性基础。首先,私域场景中的人们散落在各个圈层与社区之中,基于自身的人口属性、兴趣爱好与价值观念进行趣缘互动,日渐缺失自身与其他趣缘结构的交往与联结。其次,私域场景中的人们日益获得了在场化的媒介体验,自身的生活实践与社会交往也寄寓在一个个流布的场景中,这也使得基于社会成员普遍在场的仪式化传播形态逐渐式微。最后,私域场景中的信息分发模式衍生了碎片化的话语表征形态,让人们不断在短视频与信息流中满足了自身的个性化需求,也导致人们对于话语表征与媒介叙事的文化意义日渐缺乏关注。可见,基于算法逻辑的私域场景用个体经验取代了集体经验,用个体向度的媒介话语取代了集体向度的公众话语,这也使得计算传播背景下的信息符码逐渐消解了自身的表征价值与文化意义。在鲍德里亚看来,私域场景中信息符码的增殖与扩张会导致意义的内爆,削弱信息符码与现实社会的紧密联结,让现实与虚无、物像与类像、真实与虚假之间的界限变得日益模糊和不确定[15]。相较于共同经验的有限性与确定性,私域场景中的个体经验具有明显的杂多性特征。尤其是在大数据的驱动下,私域场景中的媒介系统衍生了大量的信息符码,逐渐消解了媒介话语与传播叙事的共享性基础,让个体经验向度的文化意义不断走向了内爆的边缘。

三、官能失衡:文化内爆向度中的感觉结构与体验范式

场景地理构造了媒介文化的实践空间与经验场域,而媒介文化又形塑了感觉结构的体验范式与感受逻辑。雷蒙·威廉斯把感觉结构界定为一个时代的思维模式与社会性格,它是人们在共同的生活实践中发展出来的认知、情感和态度,具有稳定明确的体验结构,并能

被全体社会成员所拥有[8]57。计算传播时代,算法逻辑支配下的媒介系统消解了公众话语的连贯性与媒介叙事的完整性,让私域场景中的感觉结构不断在文化内爆向度中失去了自身的官能平衡。在私域场景中,媒介作为一种生活方式与文化实践,极大地延伸了身体的感官维度,对身体感受力的认知构型、感受阈限与媒介记忆产生了深刻的影响。

1. 认知构型:工具理性的泛化培育了"游戏的人"

媒介文化深刻地影响着人们的思维方式,它能够通过传播话语的实践与媒介叙事的展演,将特定时代的知识图景内化到人们的认知构型当中。米歇尔·福柯在《词与物》中指出,认知构型是一种潜藏在人们心智当中的思想范型与观念形态,它存在于特定的历史时空当中,是权力话语与知识系统相互作用的时代产物[16]。计算传播背景下,基于算法逻辑的媒介系统把人工智能技术作为自身的底层装置,用智能分发的信息传播模式消解了大众传播时代的公众话语体系,这也使得私域场景维度下的知识生产具有鲜明的个性化特质,而缺乏对于社会文化向度的关注与思考。计算传播维度中的私域场景是受到技术逻辑支配的实践场域,它把满足媒介用户的场景需要作为自身的传播逻辑,并将实现最大的传播效率与最优的场景转化作为自身的价值追求。因此,基于算法逻辑的媒介系统为了实现对人们的精准化传播,不断对人们的人口属性、地理位置、实时状态、兴趣偏好等数据进行挖掘和运算,并利用个性化、场景化与碎片化的话语体系与其进行沟通。在这一过程中,基于算法逻辑的媒介系统逐渐架构起了人们的社会生活与交往实践,也让人们的思维方式在工具理性的泛化中日益变得游戏化。相较于价值理性的绝对信念与终极意义,工具理性是一种建立在规则手段与计算原则基础上的合理化尺度,它在私域场景中的泛化为游戏心态的形成提供了必要的社会条件。在约翰·赫伊津哈看来,游戏本身是一种崇尚秩序的社会行为,它能够通过预置一套规则系统让人们自愿地参与进来,并利用可计算与可衡量的价值标准让人们获得参与感与荣誉感[17]。私域场景中的媒介系统助长了工具理性的泛化,培育了人们的规则意识与游戏心态,也让人们的价值理性在文化内爆向度中逐渐式微。在私域场景中,工具理性作为一种文化精神,日益渗透到人们的社会生活维度,让真诚的社会交往逐渐演化成了戏谑式的话语游戏。正如学者常江所言,断裂流动式的互联网文化日渐呈现出反智性化与去深度化的知识图景,消解了大众传播时代的连续性话语与完整性叙事,让人们在"天真无邪"的游戏心态中逐渐失去了成人世界的秩序与意义[18]。总之,计算传播背景下,人们在抽离的时空中日渐失去了坚定的社会信仰与严肃的批判态度,不断地在漂移的情境中转换自身的假定角色与规则意识,逐渐把自己形塑成了"游戏的人"。

2. 感受阈限:信息强度的剧增涵化了"迟缓的人"

身体官能的感受力与媒介系统的传播力之间有着紧密的联结。从媒介史的演化视阈来看,身体的感受力是随着媒介系统的发展而不断变化的。梅洛-庞蒂从身体现象学的角度考察了身体感受力的阈限现象,认为只有确定强度的兴奋刺激才能够进入神经系统的反射通道,而那些超越感受阈限的兴奋刺激则会受到抑制并被推迟反射[19]。在梅洛-庞蒂看来,人的身体感受力是有限度的,只有处在感受阈限范围内的刺激强度才能被身体有效地体验和感受到,超出感受阈限范围之外的刺激强度则会让身体官能变得迟缓。对于传播而言,媒介系统的信息强度与身体官能的感觉平衡是一个长期"磨合"与"驯化"的过程。在以融合场景为构型的大众传播时代,连贯的话语与完整的叙事限定了媒介系统的信息强度,这也让人们在一个相对较低的阈限范围内就能够获得身体官能的平衡。进入以私域场景为构型的计算传播时代,文化内爆向度中的媒介系统衍生了大量的信息符码,极大地加剧了私域场景中的信息刺激强度,这也让人们的感受阈限在数字传播空间中变得越来越高。计算传播时代信息强度的剧增主要体现在两个方面,包括信息流动速度的加快和信息内容戏剧式冲突的密集呈现。一方面,基于算法逻辑的媒介系统让人们获得了在场化的媒介体验,使得人们能够在不断流布的信息图景中展开自身的生活实践。在这一过程中,人们接收信息的频率变得急剧提高,感受到的信息刺激强度也随之增大。另一方面,碎片化传播环境下人们的耐心与专注变得越来越少,私域场景中媒介叙事的戏剧式冲突也变得越来越密集,这也使得计算传播时代的信息刺激强度变得越来越大。在此背景下,寄寓在人们身体当中的感受阈限也变得越来越高,让人们只能在高强度的信息刺激中才能获得体验的快感,越发难以在低强度的媒介叙事中感受到生活的意义。在苏珊·桑塔格看来,信息符码的大量增殖与机械复制会削弱人们感性体验中的敏感度,钝化人们的官能体验与感觉功能,让人们的身体感受力变得麻木而又迟缓[20]。随着私域场景中信息刺激强度的与日俱增,媒介系统会逐渐"驯化"人们的感觉结构,让人们身体官能中的感受阈限变得越来越高,也让人们的身体感受力变得越来越迟缓。

3. 媒介记忆:数字记忆的勃兴助长了"失忆的人"

媒介记忆与人类记忆之间有着紧密的互动和关联。媒介作为一种中间介质与存储装置,承载着人类社会的共同经验与集体信仰,是人类记忆得以不断生产、维系和流变的社会容器。媒介记忆对于人类记忆的影响具有双重维度的意义。一方面,媒介记忆依托自身强大的传播能力与存储空间,帮助人类社会建构了完善的知识系统与文化体系,在客观上延伸了人类个体记忆的功能结构;另一方面,媒介记忆作为人类记忆的存储装置,逐渐释去了加在人类个体身上的记忆负担,也让人类自身的记忆能力变得逐渐弱化[21]。值得注意的是,媒介记忆能否与人类记忆之间形成一种感官平衡关系,与其所处的信息传播环境有着紧密的关联。在以融合场景为构型的大众传播时代,媒介系统基于连续的公众话语与完整的媒介叙事,建构了被全体社会成员所拥有的媒介记忆。在融合场景中,媒介记忆建立在社会公众的共同经验基础上,能够将媒介系统的知识网络与身体系统的记忆结构有机地联结在一起,进而将媒介系统的传播叙事有序地构筑在人类个体的记忆网络中。进入以私域场景为构型的计算传播时代,基于算法逻辑的媒介系统衍生了大量的信息符码,让人们的记忆官能在数字记忆的勃兴中不断弱化。在大数据和云计算技术的加持下,私域场景中的媒介系统具有高倍速的存储功能与大容量的存储空间,能够将人们的实时状态与浏览行为转化为数字记忆,进一步解放了人类身体官能的记忆负担。然而,麦克卢汉的经典论断启发我们,媒介技术是人类身体的延伸,延伸也意味着身体官能的截除[22]。在私域场景中,数字记忆能够让人们实时获取过去的经验数据,满足不同时空维度下的信息需求。在这一过程中,数字记忆也让人们的记忆官能变得日益钝化,加速了人们对于数字经验的遗忘。苏格拉底曾对文字的出现提出过批评,认为文字缺乏互动,削弱了人的记忆力,把具身在场的身体维度逐渐从媒介系统中剥离出来,让口语传播时代的交流意义变得难以复现[23]。苏格拉底的媒介批评更是一种媒介隐喻,告诫我们数字记忆的勃兴不仅会加速记忆官能的钝化,还会消解传播系统建构的社会意义,让人们在文化内爆的时空向度中逐渐成为"失忆的人"。

四、身体隐喻:计算传播时代身体感受力的体验逻辑与价值审视

身体感受力作为一种感觉结构,与现实社会中的技术体系和文化形态有着紧密的关联。苏珊·桑塔格认为,身体感受力不仅是一种生物学意义上的感官体验,还是一种社会学意义上的文化产物,背后承载着特定社会群体的生活理想、审美旨趣与主体意志[20]。计算传播时代的身体感受力打破了融合场景维度下的感官平衡,重塑了个体经验向度的感觉结构与体验范式,逐渐在算法逻辑支配下的私域场景中架构起了自身的存在逻辑。进入计算传播时代,以人工智能为代表的技术构型逐渐统摄了媒介系统的传播逻辑,在媒介系统中扮演着越来越重要的角色功能。显然,人工智能技术在算法逻辑支配下的媒介系统中日渐获得了自身的独立性,超越了麦克卢汉笔下扮演连接与中介作用的工具维度,并不断将自身的技术体系侵入到人们的身体官能中。在计算传播背景下,人的身体官能逐渐被纳入技术的伺服系统当中,成为算法逻辑中的一件工具与一个流程。在唐·伊德看来,技术并不是中立的,它能够作为一种中间介质参与到人们的具身实践中,改变人们的认知方式与经验方式,在扩展人们身体机能的同时也转化和变更了它们[24]。基于算法逻辑的媒介系统依托人工智能强大的数据挖掘与运算能力,通过采集人们的媒介环境、实时状态、行为轨迹等数据,不断地对人们的场景需求与兴趣偏好进行运算处理,进而对人们进行个性化的信息分发与精准传播。在这一过程中,媒介系统不仅利用智能技术对人们的属性特征进行挖掘和洞察,还运用计算传播维度下的话语实践对人们的身体官能进行调适与驯化,进而让身体的感觉结构逐渐适应媒介的技术系统。随着技术不断侵入身体并使其成为媒介的物质装置,计算传播时代的身体官能具备了越来越强烈的可操作性与可实践性特征,这也使得身体的感觉结构具备了越来越显著的生产能力与要素价值。在此背景下,身体作为媒介系统中的生产要素,日渐显现出自身的生产能力与数据价值,不断地受到商业资本的青睐与追逐。正如上文所述,被技术侵入的身体演化成了媒介的物质装置,而被资本加持的技术则逐渐演化成了数字空间的观念形态。一言以蔽之,在计算传播背景下的私域场景中,技术日渐侵入人的身体并将其转化为媒介系统中的物质装置,让媒介系统的信息结构与身体官能的感觉结构不断交融在一起,这也使得媒介传播对于身体感受力的影响与介入变得越来越隐蔽。

参考文献

[1] 刘海龙.传播中的身体问题与传播研究的未来[J].国际新闻界,2018(2):37-45.

[2] 希林. 身体与社会理论[M]. 李康,译. 北京:北京大学出版社,2010:9-11.
[3] 梅洛维茨. 消失的地域:电子媒介对社会行为的影响[M]. 肖志军,译. 北京:清华大学出版社,2002.
[4] 威廉斯. 文化与社会[M]. 高晓玲,译. 北京:商务印书馆,2018:469.
[5] 波斯曼. 技术垄断:文化向技术投降[M]. 何道宽,译. 北京:中信出版社,2019.
[6] 德布雷. 普通媒介学教程[M]. 陈卫星,王杨,译. 北京:清华大学出版社,2014:263-269.
[7] 戈夫曼. 日常生活中的自我呈现[M]. 冯钢,译. 北京:北京大学出版社,2008.
[8] 威廉斯. 漫长的革命[M]. 倪伟,译. 上海:上海人民出版社,2013.
[9] 吉登斯. 现代性与自我认同:晚期现代中的自我与社会[M]. 夏璐,译. 北京:中国人民大学出版社,2016:140.
[10] 桑内特. 肉体与石头:西方文明中国的身体与城市[M]. 黄煜文,译. 上海:上海译文出版社,2006:43.
[11] 福柯. 知识考古学[M]. 谢强,马月,译. 北京:生活·读书·新知三联书店,2003:50-54.
[12] 凯瑞. 作为文化的传播[M]. 丁末,译. 北京:华夏出版社,2005:7-12.
[13] 戴扬,卡茨. 媒介事件:历史的现场直播[M]. 麻争旗,译. 北京:北京广播学院出版社,2000:7-17.
[14] 霍尔. 表征[M]. 徐亮,陆兴华,译. 北京:商务印书馆,2006:29.
[15] 汪德宁. 超真实的符号世界[M]. 北京:中国社会科学出版社,2016:129-132.
[16] 福柯. 词与物:人文科学考古学[M]. 莫伟民,译. 上海:上海三联书店,2002:115-119.
[17] 赫伊津哈. 游戏的人[M]. 多人,译. 杭州:中国美术学院出版社,1998:11-15.
[18] 常江. "成年的消逝":中国原生互联网文化形态的变迁[J]. 学习与探索,2017(7):154-159.
[19] 梅洛-庞蒂. 行为的结构[M]. 杨大春,张尧均,译. 北京:商务印书馆,2018:45-48.
[20] 桑塔格. 反对阐释[M]. 程巍,译. 上海:上海译文出版社,2011:15.
[21] 邵鹏. 媒介记忆与个体记忆的建构[J]. 当代传播,2012(4):26-28.
[22] 麦克卢汉. 理解媒介:论人的延伸[M]. 周宪,许钧,译. 北京:商务印书馆,2000:76-78.
[23] 彼得斯. 对空言说:传播的观念史[M]. 邓建国,译. 上海:上海译文出版社,2017:52.
[24] 伊德. 技术与生活世界:从伊甸园到尘世[M]. 韩连庆,译. 北京:北京大学出版社,2012.

算法与人类的"权力"博弈：智能媒体对舆论生成发展的影响研究

吴业文[①]

【摘　要】　人工智能赋能媒体，也在赋权人类。圈层化趋势愈显的时代，智能媒体以技术焕新舆论生产发展路径的同时，仍然是以用户至上为核心理念，智能媒体欲对舆论的生成发展形成影响，究其本质是算法与人类在话语权上的博弈。智能媒体以大数据和算法技术为基础，对舆论的生成逻辑、议题构成、表面形态和内部特征都产生了一定的影响。智能媒体作用于舆论生成发展的同时，也需要反思智能媒体治理舆论的可能性。

【关键词】　智能媒体；舆论；话语权

智能媒体是指利用人工智能赋能媒体，在大数据技术和人工智能技术的基础上，对互联网中的原始海量信息进行抓取、分析，以及新闻内容的自动化生成[1]。以智能化技术为工具，新闻生产流程得以重塑，舆论生成体系同样如此，以智能化、自动化为核心特征的智能媒体构造出"全景监狱"般的舆论生态，但抓取、分析用户数据和自动生成的核心逻辑又使舆论呈现出个性化乃至极化的特征。耿旭等认为基于大数据和算法的智能时代会使得信息传播呈现增量式、痛点式和定制化的特征[2]。

社交媒体与智能媒体过渡之际，互联网舆论生态已初显智能媒体时代特征，自动化采集、生成体系使舆论生成既呈现以敏感议题为焦点的快速更迭，但又往往存在着真实舆论隐藏在"台后"暗流涌动的技术监控现象。但在未正式全面迈入智能时代之前，一切都仍然是一个谜，对于舆论生成发展的影响只能是基于现实情况的合理预测和想象。近年来，2020年新冠肺炎疫情的暴发无疑是最大的网络公共事件。疫情期间强烈而旺盛的信息需求与现实严格的疫情防控环境所造成的信息匮乏形成极端对比，在一定程度上促使媒体的智能化进程，客观上催化"智媒+行业"的出圈[3]。在此背景下，对于舆论生成发展的路径分析和整体舆论发展方向的研究成为后疫情时代尤为重要的话题。而在未来，智能媒体很有可能会介入舆论生成的全过程当中，但不可否认人仍将占据主导地位，那必然导致舆论生成又会存在围绕"人"而带来的诸多不确定性，但也会存在一些较为明显可预判的趋势：依据技术自动搜集数据聚合而成的舆论也将公开展示在智能媒体平台上，具有更强的共享

[①] 上海交通大学媒体与传播学院硕士研究生。

性;私人订制"日报"的时代,只有锚准与人们切身利益相关的敏感社会议题才会引发共情进而形成舆论;舆论一律现象仍会存在,但也呈现出明显的极化趋势,双方乃至多方难以达成共识;圈子文化盛行的同时,"出圈"与"破层"的可能性反而更大[4]。总结来看,智能媒体能够为新时代下的舆论治理工作提供更为便利的工具,但也带来新的挑战和风险。反过来说,我们也需要进一步善用智能媒体来进行更好的舆论治理。

一、智能媒体对舆论生成发展的影响

技术赋权所赋的"权",不仅仅是指用户得以实现更高层级的话语权,其实更是指技术工具开发者借助技术得以获取的"控制"的权力,无论是控制信息还是观点,技术工具开发者的能力都更胜我们一筹,我们所获得的话语权是用户主动意识觉醒的结果,但不可否认也是技术开发者为实现商业化目的所附带的技术红利。智能媒体时代,技术不断发展足以控制舆论,抑或技术更多只是呈现辅助作用,收集、分析民众的真实观点,呈现舆论。两者之间其实会产生较为不同的结果。除此之外,智能媒体所依靠的底层技术逻辑会给舆论生成发展的全过程造成影响,其中涉及舆论的生成逻辑、议题构成、表面形态、内部特征等方面。

1. 趋势迷局:算法与人类的"权力"博弈

在对智能媒体时代怀有期冀时,也需要对未来可能存在的绝对技术主导进行反思。在自动化采集生成、个性化趋势明显的智能媒体时代,舆论的生成发展可能会走向两个不同的极端。一是机器主导舆论,虽然背后的掌握者仍然是人,但这只是少数人;二是人主导舆论,个性化的推荐机制以及用户话语权的提升,用户崛起成为不可逆的趋势,机器在这其中更多的是收集和分析用户观点,并最终呈现真实的舆论。在这样的情况下,舆论发展的趋势目前来看仍然是个迷局。机器与人类的博弈已经历时弥久而未来也将必然继续。2021年6月30日,杭州保姆纵火案中的男主人林某在微博宣布自己二婚生女,一开始从舆论趋势来看,大家对于林某走出阴霾再婚的情况是抱有祝福的态度,但随着网上出现一些爆料和网友的猜测,质疑林某的声音越来越多,其中不乏对于他在事故当中的角色的揣测以及他和现任妻子之间的感情发展时间线的分析。从图1林某的名字作为关键词的百度搜索指数可以发现关于林某的话题从6月30日开始发酵,截至7月5日,话题热度居高不下。无论是微博上舆论的发酵还是知乎平台上的热榜,如图2所示,都可以侧面印证林某相关话题热度较高。首先需要明确的是,陈力丹在《舆论学》一书当中提到网络舆论并不等于舆论,即"舆论的数量"问题,关于特定事物的某一意见在一定范围内达到全体人员的三分之一以上,可以将这个意见视为这一范围内的舆论,当接近整体的三分之二的时候,则是可以统领全局的舆论,可以将比重的节点理解为黄金分割点0.618[5]。不可否认,舆论本身从定义来说就是多数人的意见。在智能媒体时代,整个社会的互联网接入率会大幅度提高,网络舆论将不断趋同于舆论。就林某事件本身而言,话题较为敏感,社交平台上网民自发的讨论较多,但却未能够直接呈现在微博热搜上,这与现实的舆论热度其实是相违背的,不可否认在这背后有机器操作舆论的嫌疑,即使背后的逻辑主体仍然是人,但真实的舆论实际上是"沉没"的。在更加智能化的时代,自动抓取、分析、合成乃至推动舆论生成的路径会更加快速和智能化,如果不加以任何舆论的干预手段是不现实的,因此在不同性质的议题当中,机器与人类"权力"的博弈很有可能将是各有千秋。在娱乐化、生活化议题中,人类可能更胜一筹,而在敏感性议题当中,机器管控将会引导舆论向更为正向的方向发展。

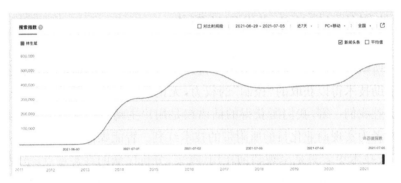

图1　林某名字作为关键词的百度搜索指数

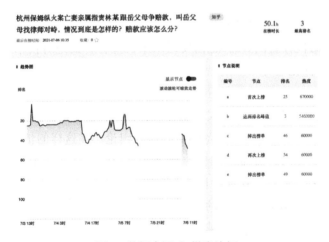

图2　数据来源:知微舆论场

2. 生成逻辑:技术与人类的"舆论"共享

实际上,智能媒体的具体技术程序是较为隐蔽和私密的,但不可否认智能媒体时代舆论生成发展的底层技术逻辑可能是由于事件本身的性质引发较多网民关注、转发,自发形成传播链条,智能技术评估事件性质及热度等诸多因素,推动事件、观点的传播、扩散,自动化形成舆论。区别于传统媒体时代与社交媒体时代舆论的生成和发展,智能技术在舆论形成过程中的角色越来越重要,甚至会超过"人"本身,在这一过程中尤为明显的是共享性这一特征。共享性究其本质是智能媒体时代舆论的生成发展中技术与人对信息的共享关系:一是体现在舆论的形成本身就是基于大众对于信息和观点的共享,智能媒体时代,信息更迭速度更快、涵盖更为全面、更新更为及时,因此,人们对信息实现实时的共享;二是体现为人们对于舆论本身的共享,通过技术集聚所形成的舆论,必将会更为清晰地呈现出来,并且以更直接的方式告知你就某一事件形成的舆论热度如何,比如微博热搜、抖音热搜以及知乎热榜等。2017年,微博"热搜"提升至每1分钟更新一次,区别于传统按照固定时间段内通过热度积累来进行排序,现在更加强调"热搜"的自动化、智能化和无人工化特征。打造热搜有两条途径:一是用户通过大量的搜索,引发的高搜索热度,登上热搜后,也会自然引发大量用户的热议。二是用户自发进行积极的讨论,形成热点话题,继而引发高搜索热度,登上热搜榜。微博等社交媒体借助智能技术,一直在强调,只是"呈现"舆论,而非生成舆论,多数人搜索什么,多数人关注什么,什么就会呈现在大众面前,供大家共享。三是基于自动搜集、分析和集成舆论的技术,能够将舆论通过转、赞、评等多维度的评估标准进行量化和热度分级,并且以更简单明了的方式共享给大众,技术与人之间实现信息的共享。在一定程度上也可以体现出用户地位的提升,技术与人之间存在不断互动的关系。

3. 议题构成:私人定制时代瞄准敏感议题

舆论的生成发展必然是围绕一定议题进行的,这一议题如果需要得到关注,通常会具有诸如新奇性、信息性、敏感性等一个或多个特征。在疫情期间,关于谣言以及事实判断性的议题如病毒是否会产生人传人的现象等往往能够引起较大的关注。而从近两年来,从频繁曝光并形成的较大舆论事件来看,聚焦在企业与职员、两性、技术与人等矛盾的敏感议题较多。也可以说,涉及两方或多方矛盾等的敏感议题往往更容易受到多数人的关注。而涉及敏感议题的舆论能够形成并且最终呈现与智能媒体技术非常密切的联系。因此,技术起到的是收集、分析、结合和最终呈现舆论的作用,在这过程中与民众切身利益或情感相关的话题更容易引发讨论,并最终由技术推动形成更为广泛的舆论。与此同时,舆论议题可能也会呈现分散存在的特征,由于智能媒体所创造出的个性化内容生态,不断生成、分发"私人订制"的议题导致可能会存在相同趣缘的群体之间对该议题形成同样或不同的观点,但不同趣缘之间的群体兴趣点不同,关注的议题也会有所差异,在此情况下不同群体之间难以围绕统一议题进行讨论,形成舆论[6]。但这一情况下,可能存在的情况是人们或者说智能媒体时代下更多的网民会持续不断地对于某一事件、议题形成讨论,但由于个性化性质太强、议题过于分散,导致难以形成舆论(见表1)。

表1 2021年上半年舆论事件(部分)

时间	议题	矛盾点
2021年1月3日	为多多守新疆 (拼多多员工加班后猝死)	企业与职员
2021年1月5日	雷军称不送充电器非抄苹果,而是原创	企业与企业之间;文化自信
2021年1月10日	包括脸书、推特等联合封杀特朗普社交账号	言论自由
2021年1月18日	郑爽张恒事件	两性冲突;娱乐;亲子关系

(续表)

时间	议题	矛盾点
2021年2月17日	《中华人民共和国民法典》解释未成年人不能自己保管红包,但家长不应花掉孩子的红包	亲子关系
2021年2月21日	货拉拉女生跳车事件	两性冲突;企业与消费者
2021年2月27日	吴孟达逝世	名人;娱乐行业
2021年3月24日	新疆棉事件:H&M等品牌污蔑新疆棉花	国家关系;人权、民主
2021年4月10日	市场监管总局对阿里巴巴"二选一"垄断行为做出行政处罚	企业与消费者
2021年4月19日	特斯拉刹车失灵维权事件	企业与消费者
2021年4月27日	一"爽"之利,郑爽事件后续,明星的高收入	贫富差距;娱乐
2021年5月5日	新华社评倒奶事件;食物浪费	娱乐;偶像与粉丝
2021年5月11日	成都四十九中学生坠亡事件	教育;学校与家庭
2021年5月22日	袁隆平、吴孟超逝世	名人
2021年5月23日	苏芒谈早饭650元不够	贫富差距;娱乐
2021年5月28日	清华教授谈躺平对不起父母	贫富差距
2021年5月31日	三胎政策	两性和家庭关系;贫富差距

4. 表面形态:舆论一律背景下却难达共识

沉默的螺旋理论指出舆论一律现象仍然可能存在,但与此同时,不同趣缘群体形成不同圈子,接收差异化的议题,进而就会形成彼此之间或交叉或远离的不同的舆论场域。传统的舆论一律现象可能存在,当涉及与智能媒体时代大多数人较为相关的议题时,可能会形成"单一螺旋",构成观点统一的舆论场域。但与此同时,更多数的情况下是趣缘不同、互不兼容的群体之间形成更为多元、多样的舆论场域,形成"复合螺旋"[7]。智能媒体时代下舆论的表面形态很有可能是在舆论一律现象存在的同时,舆论极化现象也更为明显。这两者之间并不矛盾,前者是大多数人的观点是否一致,后者是大多数人的观点方向是否极化,乃至形成双方或多方观点的极化和对立,构成"复合螺旋"态势。智能媒体时代,舆论走向成为不同国家力量对比的"风向标",国内舆论场与国际舆论场分裂态势明显;不同于传统民间舆论场的边缘地位,随着普通民众话语权的上升,影响力也随之增强,官方舆论场再难以掌握舆论的主导地位;与此同时,现实与虚拟的割裂越来越明显,虚拟舆论场中去身份化的表达加之指数级扩散的能力都进一步扩大虚拟舆论场的复杂程度和影响力[8]。舆论极化现象在社交媒体时代已有所显现,情绪化表达大于对真相的渴求,基于情绪要素,谣言的传播速度实现比真相更为快速的传播和扩散。多元的舆论场域之间立场不同,观点不同,智能技术不断、重复性给不同的舆论场域推送彼此之间个性化但同一舆论场域同质化的内容,使得同一舆论场中观点一致的趋势不断强化,但不同舆论场域之间却难以达成共识。

5. 内部特征：出圈偶然性更大，阶层差异更显

由2020年舆论事件出发，将智能媒体时代的舆论内部特征概括为"出圈"和"折叠"。在圈子文化盛行的时代，虽然人们基于血缘、地缘乃至趣缘形成不同的圈子，并且关注或有交叉或截然不同的议题，但在智能技术推动下，事件超越本身的固有圈层而实现更大影响力即"出圈"的偶尔性大大增加，进而实现跨越圈层的传播和互相影响。这种情况的出现，可能是因为这个事件本身存在如两方冲突等矛盾性因素，也有可能涉及情感因素，但在算法技术乃至可能存在的一些黑箱情况下，"出圈"的偶然性更大，因为智能媒体时代一个事件一旦受到关注，技术会推动其获得更大范围的探讨。另一个特征为"折叠"，或者说是"破层"，社会变迁不仅体现在技术层面，还体现在文化、核心价值观等多方变革上。技术与价值观同步变迁，如上提到智能媒体时代的舆论构成会更加锚准敏感议题，因此，舆论另一内部特征是舆论所体现出的阶层差异和阶层冲突会愈加明显。一方面不同阶层之间围绕着不同的关注点形成不同的舆论场域，但另一方面不同阶层之间又会"破层"形成冲突，从而造成舆论中阶级之间的"折叠"。"出圈"和"折叠"往往同时出现[9]。总结来看，舆论的生成发展所形成的内部特征是出圈的偶然性更大，这是依赖于技术的发展所带来的扩散速度的指数型增长，与此同时，舆论中所呈现出的阶级差异会更加明显，因为往往涉及阶级差异的敏感性议题才更能够引发争议和讨论，并且智能媒体为不同阶层之间的群体提供了更为便捷的沟通交流方式，可在智能媒体上实现实时的观点共享，互通有无，因此能够通过同一议题将不同的阶层之间的群体相联系起来。"出圈"和"折叠"相互促进。

二、智能媒体治理舆论的可能性路径

技术可以在表面掩盖真实舆论，但不可能消灭舆论。智能技术基于用户使用数据的计算逻辑导致技术在控制舆论的同时，又受制于用户本身。在使用智能媒体治理舆论的过程中，一直需要秉持的观念是，不掩盖舆论，只呈现舆论，但并不代表要任由舆论肆意发展。

首先，一定要将主流价值观融入技术当中，实现情理与技术的交融。真正需要改变的不是技术推动舆论生成的逻辑，而是后真相时代下情感至上、真相退居次席的现状，技术是为人类服务的。只有以主流价值观的引导之力来实现教育大众的目的，才能够推动对事实真相的关注，推动共识的达成。

其次，通过智能技术来优化整个舆论生成路径，从信源到每一个信息生产和传播的节点，通过智能媒体技术强化信源的权威性，对权威性信息进行更快、更大范围的扩散，强化事实核实，呈现真相，智能分发，对重大的舆论事件要促进信息的共享，避免信息"空窗"的情况出现。

再次，智能媒体时代，需要建立更为健全的数据库，建立舆论预警系统，一是对舆论生成的本源进行追根溯源，二是舆论的生成路径进行探究，从而能够科学地预警和治理舆论，面对具有近似性质的舆论事件，就能够较为准确地进行舆论发展方向的预判，及时地公开信息、回应舆情，进而实现舆论的引导。另外，技术治理舆论的同时，也需要一定的自律机构,并制定自律规则。平台与平台之间应该就数据使用与技术边界进行协商和约束,数据安全与隐私问题日益凸显的情况下,更应该对智能技术如何使用数据以及使用数据的范围要进行限制。

最后,除了自律手段以外,需要建立更为强硬和健全的法律手段,这一方面是制定技术使用的统一规则,也是在强调违反规则所应该承担的法律后果,从而才能通过外部力量强化对智能媒体技术的约束。

总结来看,智能技术与人类之间对于"话语权"的博弈到底是谁居上,其实还尚未可知,智能技术以人类使用痕迹为数据源泉,同时又可对人类使用痕迹进行操控和处理,无论是原封不动的传递,还是带有技术逻辑或背后技术掌控者思想的再加工,都会将舆论最终呈现到大众面前。至少在目前,我们还需要对人类的主体地位抱有期待和希望,且需要坚持这样的观念:无论技术如何发展,人始终能够更胜一筹,这样才能够使我们有信心地去推动智能媒体技术的发展,并实现为我们所用的目的。

参考文献

[1] 徐芸怡.智能媒体时代网络舆情的智能治理[J].新媒体研究,2021,7(09):5-7+45.
[2] 耿旭,刘华云.智能时代下中国主流政治价值观传播:模式、挑战与引领路径[J].贵州社会科学,2020(08):11-18.
[3] 中国传媒大学.中国智能媒体发展报告(2020—2021)[R].北京:中国传媒大学,2021.
[4] 周葆华.出圈与折叠:2020年网络热点事件的舆论特征及对内容生产的意义[J].新闻界,2021(03):21-27.
[5] 陈力丹.准确估量舆论、舆情的数量和范围[J].新闻界,2016(21):48-50.
[6] 秦汉,涂凌波.再造共识:智能媒体时代的舆论引导与新宣传[J].中国编辑,2020(Z1):39-44.
[7] 马小凤.大数据时代舆论生成机制与智能化应对——基于"沉默的螺旋"理论的探讨[J].中国广播,2021(04):48-50.
[8] 徐芸怡.智能媒体时代网络舆情的智能治理[J].新媒体研究,2021,7(09):5-7+45.
[9] 周葆华.出圈与折叠:2020年网络热点事件的舆论特征及对内容生产的意义[J].新闻界,2021(03):21-27.

智能传播时代虚拟人微博传播效果的分析与思考

张　淼[①]

【摘　要】　随着新兴媒介、智能传播的发展,大众媒介中越来越多地出现了虚拟人形象。不同于完全设计创造的虚拟人,真实人物的虚拟化数字替身对公众的视觉和精神冲击更大。本文通过英伟达数字替身虚拟人案例的媒介表现与传播效果,探讨我国公众对基于智能技术的虚拟人的认知和情绪表现。研究发现,当前公众对虚拟人的媒体内容呈现和媒体表现表达了较多的负面情绪,建议媒体要加强履行把关人职责和引导技术发展向善的价值观。

【关键词】　人工智能;智能传播;数字人;虚拟人;电脑人;数字替身

随着人工智能和5G技术的快速发展,数字虚拟人逐渐走入大众视野,各种虚拟角色出现在社会大众的生活中,例如,虚拟歌手"洛天依""艾灵"、虚拟主播"小聪"、虚拟时尚博主"琪拉"、虚拟学生"华智冰"、疫情快报虚拟主持人、虚拟客服、虚拟银行员工、虚拟导游等。这些虚拟数字人通常具有异于常人的"能力"和"技能",一出现便吸引了公众的关注。

与此同时,真实人物的虚拟数字替身的推出也是如火如荼。与以上全新创造的虚拟人不同,真实人虚拟数字化替身通常以生活中的真实人物为原型,具有真假难辨的外形、表情、性格、讲话风格、生活工作细节等。例如,GTC大会上的"黄仁勋"、百度世界大会上的央视主持人"康辉"等。

虽然在业界发展火热,但是就目前学界的研究而言,尚无学者直接关注虚拟人的舆情形象、公众认知及态度效应。鉴于此,本文主要从新闻传播的角度,通过典型案例分析来探讨智能传播背景下公众对真实人物虚拟形象的认知和感受态度现状,进而思考虚拟人形象所带来的新闻报道真实性问题,以及智能传播视野下新媒体的报道策略。

一、虚拟人发展现状

"数字虚拟人"是通过计算机技术,将人体结构数字化,在显示屏幕上出现看得见的、可

[①] 智谱研究高级研究员。

调控的虚拟人体形态,再将人体功能性信息附加到这个人体形态框架上,经过虚拟现实技术的交叉融合,能模仿真人做出各种各样的反应[1]。数字虚拟人既不是真人,也不是机器人。从信息科技角度看,数字虚拟人是新型的人机交互应用,背后整合了视觉、语音、语言与知识等多种模态的 AI 技术。它所产生的人物形象是虚拟的、依赖于显示设备而存在。

数字虚拟人的起源可以追溯到 1989 年美国国立图书馆发起的"可视人计划"。根据其研究发展进程,依次要经历可视人、物理人、生理人和智能人四个阶段。广州南方医科大学钟世镇院士[2]表示,我国目前还处于第一、第二阶段。根据制作技术,数字虚拟人的生产可以是手工绘制、电脑绘图及动作捕捉与语音合成、人工智能(自然语言处理、语音识别、计算机视觉等)合成等。

总体来看,数字虚拟人具有很大的应用价值和商业潜力,既能降本增效,又能提升用户感知与体验。它所依存的虚拟世界可以通过视、听、触觉等作用于受众,使受众产生一种身临其境的感觉。虚拟人在外形和言行举止上比真人更完美无缺,更贴近目标客户需求,是叫好叫座的新营销创意,甚至形成了虚拟美学。从长远来看,虚拟人比人类的合作成本更低,100%可控,可以同时出现在很多地方,永远不会衰老或死亡。虚拟人市场借助疫情得到了大步发展,目前虚拟人的市场参与企业数量明显增加。与此同时,市场上的产品化能力、盈利模式都仍在探索中。但业界普遍认为,数字虚拟人是未来发展的大趋势。

二、智能传播与虚拟人在新闻传播领域的研究

智能传播是由移动终端、大数据平台、传感器、动态智能设备、场景转换等智能化资源构成的一种生态系统[3]。在媒体传播领域,新闻媒介与智能技术的融合可追溯到 20 世纪 70 年代耶鲁大学的新闻写作机器人,以及该大学后续陆续研发的故事编写算法与数据新闻、自动化新闻写作等智能化新闻生产形式[4]。此后,机器人写作的相关研究拓展到了机器写作技术问题的讨论、业界对机器写作的看法等不同方向。

国内的智能传播研究密集出现在 2018 年左右。研究主题包括智能技术赋能新闻传播业的采编审发、智能技术下的传播规律等不同方向。例如,有研究指出,人工智能设备和技术使新闻生产更高效便捷,使新闻议题设置更精准,使媒体传播效率最大化、传播效果最好[5]。还有研究者在基于智能算法的新闻传播背景下,探索新科技条件下价值传播的规律,强调要建构价值理性与工具理性相平衡的传播价值论,以捍卫传播正义、守护和传播科技伦理[6]。智能传播中的信息真实性问题也是一个重要方向,有研究指出智能媒体可以针对图文声像等多媒体信息进行溯本追源和"一站式"审核;借助人工智能技术可以建立适合的对敏感信息进行追踪、识别、检测、过滤、标注、报警的审核模型。智能技术带来了语义偏见继承、情感欺骗、用户隐私侵犯、虚假新闻传播及政治活动操纵等失范行为,反映出背后的平台漏洞及监管缺失等问题,需要利益攸关方共同治理[7]。还有研究关注了美国智能传播在新闻融合媒介发展中的应用,发现美国媒体更强调为用户"量身定做"智能化新闻,形成了机器人生产、专业生产和用户生产相结合的三足鼎立局面[5]。

2019年智能传播研究主要关注了八个方向：社交机器人、机器写作、类人类机器人、算法、智能传播的媒介伦理、智能传播对媒介生态的影响、智能传播的法律问题、智能传播时代的新闻教育[8]。2021年以来，还出现了疫情背景下的智能传播与人文关怀[9]等方向的研究。

虚拟人作为智能传播的一种具体表现，也吸引了一些传播学者研究。相关研究主题，一是关注其应用，比如有研究指出，在时效性和工作强度较高的领域，虚拟主播可替代真人主播播报新闻；以及虚拟人物代言人的广告效果[10]。二是关注虚拟人的生成及其新闻业务方法。通过提取真人主播的表情动作、声音和唇形等特征，基于"自然交互＋知识计算"的技术突破，运用人脸识别、语音合成、人脸建模、表情合成、唇形合成和深度学习等技术来生成虚拟主播，以及基于虚拟人的手语新闻播报方法[11]。三是关注了对受众认知的影响、用户感受与认知的分析等。

此外，还有研究对虚拟人传播现象进行了深入的理论探讨。通过联结梅洛-庞蒂的身体知觉理论（embodiment cognition）与麦克卢汉的一切媒介均是感官延伸的学术思想，指出智能传播时代的人机具身（Embodiment）互动实则身体、媒介及环境的互动融合，传播主体从观察者转变为参与者或体验者，形成了新的"后人类"生存方式[12]，并且从本体论角度论证了技术与身体是相互依存、相互建构的关系，两者之间可能实现的交流与对话，以及由强人工智能和后人类分别演化的虚拟人和虚拟智人之间的主体关系特点[13]。

三、虚拟人传播挑战新闻真实性的案例分析

"虚拟人"传播时代的到来，对于媒体生产内容的专业性、权威性提出了更高的要求。在实际的媒体传播生态中，虚拟人既是传播中介，也是传播主体、传播对象。它不仅可以进行新闻播报和传递信息，还可以自动生产内容，与用户进行多感官交流互动，同时还成为公众关注的焦点对象。在一个新闻事件之中，虚拟人如果是全新设计创造的，则很容易被公众辨认出来；如果是基于真实人物的逼真创造，则公众很难或无法辨认其真伪。

在新闻理论中，新闻报道的最重要原则是必须客观真实。新闻真实性包括两方面内容：一方面是指新闻事实真实准确；另一方面是指新闻传播者对客观事实的正确认识和评价。在智能传播背景下，基于真实人物的虚拟人参与新闻事件是否违反了新闻的真实性准则？这样的新闻事件会给公众带来什么感受影响？相关问题值得我们关注和思考。

基于以上讨论，本文提出两个问题。

研究问题1：真实人物的虚拟创造在传播过程中，无论作为主体或客体，其真实性给公众带来什么认知感受？它将分别带给企业和媒体怎样的舆情影响？

研究问题2：如何理解真实人物的虚拟创造在信息传播中的真实性问题？在智能传播语境下如何理解把关人的事实查验职责？

近期英伟达黄仁勋数字替身事件广受关注。本文将通过这个典型的真实案例，作为实证传播数据支撑，对以上问题进行分析研究。

1. 案例事件简介

2021年4月,总部位于美国的芯片制造商和人工智能计算公司英伟达召开一年一度的GTC技术发布会。在GTC 2021大会中,播放了一段创始人黄仁勋的主题演讲。舆论聚焦于该公司的新科技及发布的首个CPU,随后舆情焦点扩展转到英伟达的显卡涨价潮、挖矿芯片第一季度收入、英国投资计划、收购Arm等话题。

三个多月之后,8月10日,在学术顶级会议计算机图形图像特别兴趣小组(SIGGRAPH 2021,非营利国际化会员组织ACM SIGGRAPH举办)上,英伟达凭借数字化身(虚拟人物)的演示,获得了"最佳展示奖"。8月11日英伟达官方博客发布"From Our Kitchen to Yours: NVIDIA Omniverse Changes the Way Industries Collaborate",文章提到英伟达的GTC主题演讲"旨在提供信息和娱乐",重点介绍了超级计算、深度学习和图形方面的进步。8月12日,英伟达通过一部纪录片 Connecting in the Metaverse: The Making of the GTC Keynote (《在元宇宙中连接:GTC主题演讲的制作》)揭秘其4月份在GTC 2021发布会上出现的14秒"黄仁勋数字人",完全由电脑合成的。

同日,媒体引用该纪录片所述,报道称"英伟达发布会,黄仁勋竟是假人出镜",指出"厨房是假的,经典皮衣是假的,老黄是假的",还猜测"显卡也是假的,根本不存在的"。对此,网民反应"意想不到",有的直接表示受到"惊吓"。随后,该事件舆情发酵。

8月13日,英伟达回应称,该消息纯属外界误读,黄仁勋"数字人"只出现了14秒,其他部分均为真人演讲,并通过专家表示,实现数字虚拟人和真实人类之间的沟通交互、实现真实和虚拟世界交互,要在五到十年后。同日,科技资讯媒体"量子位"也发布致歉说明:强调GTC主题演讲中,黄仁勋的Omniverse数字虚拟人仅出现过一次,在发布会约62分钟处,持续时间约14秒。道歉文章称是自身"工作上的不严谨""今后我们将深刻吸取这次的经验教训,不断提升自己的知识水平和工作态度,更好地向大家传递前沿科技的相关信息"。该文在公众号上的阅读量达10万+。

2. 研究方法

利用数据挖掘和抓取技术,本文借助新闻事件分析挖掘和搜索系统NewsMiner平台以及清博大数据平台,通过关键词[14]抓取获得2021年8月与研究目的相关的全网数据,筛除清洗了非主题数据,最终获得4814篇文章进行内容分析。

对于传播效果的界定,目前比较通用的定义是指带有说服动机的传播行为在受传者身上引起的心理、态度和行为的变化以及大众传播媒介的活动对受传者和社会所产生的一切影响和结果的总和。从受众的层面来看,传播效果依据其发生的逻辑顺序或表现阶段可以分为三个维度:认知层面、心理和态度层面、行动层面上的效果[15]。一般在数量和质量上进行传播的效果测量。

考虑到微博平台具有高覆盖率和到达率、信息发布便捷、高互动性和参与性等传播优势,并且在该虚拟人事件传播总量之中占据50.17%,因此本文以微博文章及评论数据分析结果作为公众认知和态度的来源,以此评估整个事件的传播效果。

3. 事件画像

利用聚类算法,通过新闻事件分析挖掘系统 NewsMiner,对该事件进行画像分析。结果发现,研究时段内的相关媒体数据共聚类成为 7 个事件聚集,如图 1 所示。英伟达 GTC 技术发布会原本以财经事件属性进入公众视野,到了 8 月的发布会幕后揭秘则是以科技事件而被再次提起。8 月 13 日引出次生事件并且发生了二次传播。值得注意的是,在被科技媒体传播过程中,公司回应被视为娱乐事件。

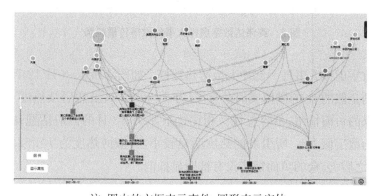

注:图中的方框表示事件,圆形表示实体。
图 1 英伟达数字虚拟人传播在 8 月份的事件画像

这 7 个相关事件如表 1 所示。

表 1 英伟达数字虚拟人事件的媒体报道

序号	日期	事件	属性
1	8 月 12 日	英伟达发布会的黄仁勋是假的,三个多月都没人发觉	科技
2	8 月 13 日	英伟达发布会黄仁勋为"数字替身"?公司回应:虚拟人只出现 14 秒	娱乐
3	8 月 13 日	量子位:关于英伟达数字人文章的致歉和说明	科技
4	8 月 13 日	英伟达黄仁勋"元宇宙"玩法:开源互联的虚拟时间,多厂商支持	科技
5	8 月 19 日	英伟达黑科技再掀"元宇宙"浪潮 虚拟世界落地之路还有多远	科技
6	8 月 22 日	日媒:半导体巨头增产恐引发市场过热	娱乐
7	8 月 23 日	到底什么才是"元宇宙"	科技

4. 传播趋势

根据清博舆情平台 8 月 1 日—31 日的全网数据,发现该事件总传播量 4 814 篇之中有 50.17% 的是通过微博渠道传播的。在微博平台上,其传播热度主要聚集在 8 月 12、13 日,之后其热度迅速下降,如图 2 所示。

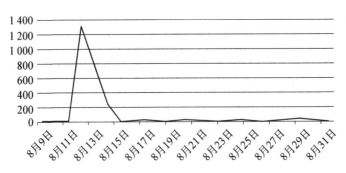

图2 英伟达数字虚拟人事件微博传播趋势

该英伟达数字虚拟人事件一度冲上微博热搜榜。如图3所示,8月12日话题#英伟达发布会的黄仁勋是假的#的微博实时热度[16]为51 509 581,虽然后续热度下降很快,但已引发了部分公众的负面情绪,不容忽视。相比之下,8月13日的回应话题#英伟达回应发布会上黄仁勋为数字假人#所引发的热度明显较小,其微博热度为761 524。值得注意的是,在企业回应之后,公众的负面情绪没有被明显抵消。

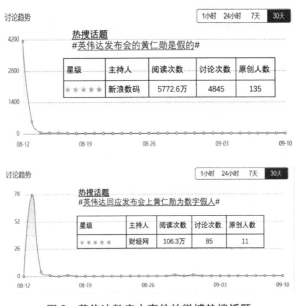

图3 英伟达数字人事件的微博热搜话题

5. 传播效果

在这个案例中,虚拟人既是传播主体也是传播客体,将主客体角色合二为一。传播效果方面,英伟达CEO黄仁勋"数字人"事件引发了广泛的舆论关注,从而把"数字人"乃至"元宇宙"从专业人士带入大众视野。

网民在阅读与讨论该事件的过程中,表现出了较多的情绪态度。数据显示,带有明确情绪词的微博有1 492条,占微博总量的60%。其中,表达厌恶的有1 224条,占82%;表达赞扬的 163 条，占 10.9%；还有少量表达了惊奇、愤怒、悲伤、恐惧等情绪，如图 4 所示。通过这些情绪态度的数据构成看，除了"赞扬"属于正面、"惊奇"部分属于中性之外，其余的 86.3% 均偏负面情绪。

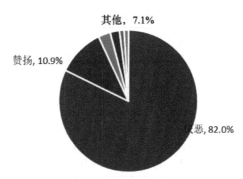

图 4　英伟达数字虚拟人事件的微博网民情绪分布

在负面情绪之中，公众情感反映最多的是"厌恶"。通过数据解读，发现在厌恶类的情绪中，含有诸如瞎编、炒作、讨厌、骗子等词语表达，有部分网民直呼受骗，并且主要是针对媒体而言。这是因为媒体发布的关于英伟达虚拟人的消息，导致公众误认为发布会上的黄仁勋全程为数字虚拟人，对此，网民表达了对媒体误导和夸大宣传的厌恶，也讨厌媒体对该虚拟人的明贬实褒报道方式。还有部分网民表达了对英伟达这个企业的厌恶，出现了造假、就那样、效果不太行等字眼，主要表达对于数字虚拟黄仁勋效果的不满意和不喜欢。

值得注意，有 14 个大 V（百万粉丝以上）账号明确表达了情绪态度，包括 3 个表达正面态度，11 个表达"厌恶"或"愤怒"的负面态度，主要是针对媒体的明贬实褒、未能履行查证"虚拟人"事实可信度的责任。这些大 V 们的情绪表达随之带动了公众情绪的走向。

公众的恐惧类情绪，主要表现为对虚拟人技术未来应用的害怕，担心未来出现不可控的情况、不能造福人类。公众的愤怒情绪，主要表现为不敢相信并不愿意接受虚拟人的出现，并对它表达了气愤。公众的悲伤情绪，主要是担心此技术可能带来的"复制""替身"后果及对自身的影响，表示悲观和感到"可怕"。

非负面情绪占比约 10%。在正面情绪表达中，公众主要是赞扬英伟达的虚拟人技术，称赞其"棒、给力、足够逼真、震撼"等。而惊奇情绪出现两种情况：一种是惊叹英伟达公司虚拟技术，态度较为中立；另一种则是由于恐惧虚拟人技术未来可能泛滥应用而表示出惊奇。

总的来说，大部分公众对此虚拟人新闻表达了厌恶情绪，主要原因在于，媒体报道有失偏颇，存在炒作和误导的嫌疑。而针对虚拟人本身，由于目前虚拟人技术尚未完全成熟，公众在惊叹此新技术的同时，表达了恐惧、担忧、悲伤等情绪，以及对未来能否得到合理应用的担忧。具体情绪词如表 2 所示。

表 2　英伟达数字人事件的微博情绪词示例

情绪		示　例　词
赞扬		哇好厉害[打call]　真的好厉害啊　真是太厉害了 赞爆啦[good][good] 展示了英伟达在软件和硬件方面的实力
惊讶		把我震惊了 这个技术再发展十年,可以用来复活已故的亲人或朋友吧 这能用肉眼观察出来?[doge]
厌恶	对媒体	一地鸡毛　这下尴尬了 真正骗过所有人的是量子位　怎么到渣浪这就那么邪乎呢? 文章纯粹是在瞎编,没新闻了就开始脑补瞎编? 自媒体再次突破下限?连原视频都没完整看?还是听不懂英文? 作为一种营销手段,了解的不了解的媒体都为其做了一次广告
	对企业	网友:显卡我也没见着真的 空气大师英伟达 不存在的老黄发布不存在的显卡　其实根本没有老黄这个人 Deepfake 闹出乌龙 雕虫小技罢了,离真正的元宇宙虚拟人差着一光年 可以给英伟达开一辈子发布会了,老黄某种程度上,永生了!
失望		都是虚拟的,以后就是个虚拟的世界 假的!全都是空气! 高科技的骗子 搞不好这个世界都是虚拟的 会不会其实世界上根本没有黄仁勋这个人??
恐惧		这居然是假的?有点怕?很可怕。 细思极恐,这也太可怕了,是骗子骗术高 眼见不一定为实,高科技乱假成真 可以垄断造谣和诽谤的霸权了。计算机模拟栽赃的可能也出现了 真一点也看不出来,这个技术挺可怕的

四、结论

数字虚拟人打破了真实和虚拟的边界,是当前的热门科技。尽管技术专家表示做到虚拟和真实世界交互至少还需要 5~10 年,但是前沿科学家及百度、字节跳动、腾讯等大公司对虚拟人表现出较大兴趣,逐渐入局。普通大众除了对娱乐方面的虚拟人偶像喜闻乐见之外,对于其他方面的虚拟人应用目前尚未接受。

媒体"把关人"(gatekeeper)体现了传播者对受众的施控行为,包括对传播信息的内容、流量、流向的控制权,以满足全社会对信息的需求,进而影响着某个事件的传播效果。在智能传播时代,在 AR、VR 和 3D 技术支持下,虚拟和现实之间的界限正在逐渐模糊,真假难辨。新媒体传播的交互性、实时性、网状发散性、无限循环性、传播者和受众身份模糊等特征愈加强化。智能传播背景下，浸入式画面的代入感，还使大众"来不及"或"无意识"地接受并相信感官所获得的信息。媒体把关人对信息传播的控制更复杂、更困难，控制力被削弱。

在上述虚拟人传播事件中，业内新闻人和公众都亲眼见证了媒体把关人对于事实真相查验的乏力甚至失灵。从信息内容和传播载体看，媒体报道与技术手段相互混杂，这在客观上混淆了信息与新闻、事实与虚构的界线。媒体在虚拟人的报道中未能履行好真实性查验职责，大大降低了公众对其作为信源的信任度。随之造成的虚假传播对媒体公信力也产生了较大负面影响。

从受众角度看，本文通过案例分析，发现智能传播语境下的公众多数还不具备分辨真人和真人虚拟形象的能力，事先没人发现也没人注意到主体的真假或真假转换。同时也发现虚拟人在传播过程中，带给公众的认知感受总体并不十分友好，厌恶或恐惧等负面情绪较多。

由此可见，在智能传播背景下，公众对媒体把关人的事实查验职责提出了更高的要求。公众对把关人的期望已不局限在控制信息洪流，而是检验信息真伪、检视事件可能带来的后果，因为这超出了普通公众的辨别能力与水平。作为媒体，需要不断提升自身的智能"把关"能力，一方面以技术攻技术，通过技术手段识别真相，提升自身真相甄别的专业技术手段和水平；另一方面，可以有能力防止技术作恶的发生。在以后类似的虚拟人传播事件中，给人类带来更多的正面认知和态度情绪，让人类生活得更好。

参考文献

[1] 杨霞.能否超越"万物之灵"？院士细说"数字人"[N].北京科技报,2003-12-26(002).
[2] 钟世镇,李华,林宗楷,罗述谦,秦笃烈.数字化虚拟人背景和意义[J].中国基础科学,2002(06)：14-18.
[3] Gillies D A. Artificial intelligence and scientific method[M]. Oxford, UK: Oxford University Press, 1996.
[4] 刘杰.人工智能背景下新闻业的发展及思考[J].新闻研究导刊,2017(10)
[5] 王友良.美国智能传播在新闻融合媒介发展中的应用[J].浙江传媒学院学报,2018,25(03)：14-18.
[6] 李思屈.人工智能时代的价值传播[J].新闻与写作,2018(09)：32-36.
[7] 高山冰,汪婧.智能传播时代社交机器人的兴起、挑战与反思[J].现代传播(中国传媒大学学报),2020,42(11)：8-11+18.
[8] 张洪忠,兰朵,武沛颖.2019年智能传播的八个研究领域分析[J].全球传媒学刊,2020,7(01)：37-52.
[9] 李颖.疫情背景下的智能传播与人文关怀——AI主播传播效度[J].中国电视,2021(09)：72-76.
[10] 胡咏.虚拟人物代言人的广告效果探讨[D].北京：北京大学,2013.
[11] 王轩,赵海楠,于成龙,等.基于虚拟人的手语新闻播报方法：CN101727766B[P].2011-08-17.

[12] 殷乐,高慧敏.具身互动:智能传播时代人机关系的一种经验性诠释[J].新闻与写作,2020(11):28-36.

[13] 赵海明.虚拟身体传播与后人类身体主体性探究[D].重庆:西南大学,2020.

[14] 【关键词检索式】英伟达 AND(黄仁勋 OR Jensen Huang OR 老黄 OR CEO) AND(数字人 OR 虚拟人 OR 数字替身)。

[15] 金兼斌,江苏佳,陈安繁,沈阳.新媒体平台上的科学传播效果:基于微信公众号的研究[J].中国地质大学学报(社会科学版),2017,17(02):107-119.

[16] 微博话题实时热度是由近3小时内的阅读次数,讨论次数以及原创人数3项组成,3项占比依次为30%,30%,40%;数据经反垃圾筛查后,综合计算生成话题实时热度。